ENTRETIENS SUR LA MULTITUDE DU MONDE

Thibault DAMOUR
Jean-Claude CARRIÈRE

ENTRETIENS SUR LA MULTITUDE DU MONDE

Odile Jacob

15, RUE SOUFFLOT, 75005 PARIS

www.odilejacob.fr

ISBN 2-7381-1077-0

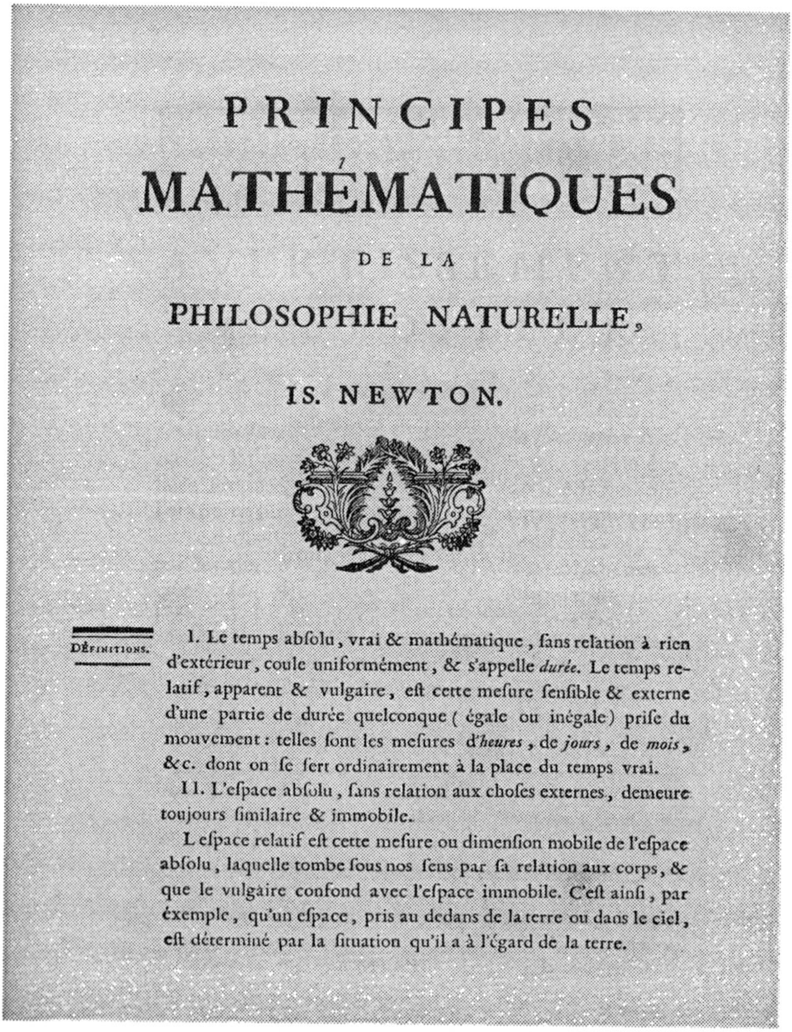

PRINCIPES MATHÉMATIQUES DE LA PHILOSOPHIE NATURELLE,

IS. NEWTON.

DÉFINITIONS.

I. Le temps abſolu, vrai & mathématique, ſans relation à rien d'extérieur, coule uniformément, & s'appelle *durée*. Le temps relatif, apparent & vulgaire, eſt cette meſure ſenſible & externe d'une partie de durée quelconque (égale ou inégale) priſe du mouvement : telles ſont les meſures d'*heures*, de *jours*, de *mois*, &c. dont on ſe ſert ordinairement à la place du temps vrai.

II. L'eſpace abſolu, ſans relation aux choſes externes, demeure toujours ſimilaire & immobile.

L'eſpace relatif eſt cette meſure ou dimenſion mobile de l'eſpace abſolu, laquelle tombe ſous nos ſens par ſa relation aux corps, & que le vulgaire confond avec l'eſpace immobile. C'eſt ainſi, par exemple, qu'un eſpace, pris au dedans de la terre ou dans le ciel, eſt déterminé par la ſituation qu'il a à l'égard de la terre.

Espace absolu et Temps absolu chez Newton.
(Traduction d'Émilie du Châtelet, 1756.)

1

PAYSAGE AVANT LA DÉBÂCLE

JEAN-CLAUDE CARRIÈRE — Est-il vrai que, parmi les étudiants, les candidats physiciens se font rares ?

THIBAULT DAMOUR — Oui, la baisse est sensible.

J.-C. C. — Pourquoi ? On dit que la physique a dominé le XXe siècle, qu'elle a bouleversé tous nos rapports avec le monde, jusqu'à nous donner des armes d'apocalypse. Pourquoi cette désaffection ? La physique s'est-elle essoufflée ? A-t-elle outrepassé ses propres concepts ? Fait-elle peur ? A-t-elle tout dit ?

T. D. — Certainement pas. Le champ devant elle reste immense.

J.-C. C. — Pour commencer, essayons simplement de faire une mise au point, de nous demander : où en sommes-nous ? Et plus précisément : où en est la physique ?

T. D. — Essayons.

J.-C. C. — Au début du XXe siècle, Henri Poincaré, le plus grand scientifique français de son temps, voyait la science comme « un champ de ruines[1] ». Il parlait d'une « débâcle générale des principes ». Cette débâcle s'est-elle aggravée ? Démentie ?

T. D. — Elle s'est largement confirmée, bien au-delà de ce que Poincaré pouvait craindre, ou souhaiter. Mais cette débâcle n'a rien d'une défaite, ou d'une régression. Poincaré la redoutait car il était d'un tempérament conservateur, et voyait les principes de base du XIXe siècle craquer de toutes parts. Mais, dans le premier quart du XXe siècle, la physique s'est réorganisée, après un étonnant bouleversement.

J.-C. C. — Qui fut un enrichissement ?

T. D. — Sans aucun doute.

Des atomes et du vide

J.-C. C. — Quels étaient ces « principes » dont parlait Poincaré ?

T. D. — Ils exprimaient des lois très lentement élaborées et que l'on croyait alors inébranlables. Nous essayerons d'évoquer les plus fondamentales, et nous le ferons au fur et à mesure, en assistant à leur effondrement.

J.-C. C. — Reportons-nous un instant à la fin du XIXe siècle. Le scientisme s'est montré triomphant, mais Poincaré parle de débâcle. Quel était le cadre de la

1. Henri Poincaré, *La Valeur de la Science*, Paris, Flammarion, 1905.

recherche scientifique il y a cent ans ? Comment décrivait-on la réalité physique du monde ?

T. D. — Au moyen de quatre concepts fondamentaux : l'Espace, le Temps, la Matière et la Force.

J.-C. C. — Tous les quatre sont anciens ?

T. D. — Non, trois seulement. La Force est une notion relativement nouvelle.

J.-C. C. — Les trois autres nous viennent, naturellement, des Grecs ?

T. D. — C'est autour de l'an 400 avant notre ère que, sur les bords de la mer Égée, à Abdère, Démocrite introduit une représentation du monde qui n'a été remise en question qu'au XXe siècle. Pour le dire simplement : « Des atomes et du vide. »

J.-C. C. — Et pour le dire moins simplement ?

T. D. — Le monde repose sur trois mots, l'Espace, le Temps et la Matière.

J.-C. C. — Par lequel commençons-nous ?

T. D. — Par l'Espace, car il est conçu par les Grecs comme préexistant à la Matière. L'espace, c'est le contenant sans contenu, c'est ce dans quoi il n'y a rien. Il est donné *a priori*. Pour Démocrite, il est le Vide. Si un supermagicien en faisait disparaître tout le contenu, il resterait comme une grande boîte vide.

J.-C. C. — Cet espace s'étend à l'infini ?

T. D. — Oui, selon trois directions, qui sont la longueur, la largeur et la hauteur.

J.-C. C. — À l'intérieur de cette « boîte » se dispose donc la matière ?

T. D. — Une matière qui est conçue par les Grecs comme une poussière d'« atomes ». Ce mot veut dire insécable, indivisible. Un atome ne peut pas être coupé, séparé. Il ne peut pas être morcelé et analysé sous des formes plus petites. Et la configuration des atomes dans le vide est en constante évolution.

J.-C. C. — Ils se déplacent et s'assemblent ?

T. D. — Et cela pour former des agrégats plus ou moins stables, qui sont les corps que nous voyons autour de nous.

J.-C. C. — Les corps humains, les arbres, les montagnes…

T. D. — … l'eau, le feu, l'air, les planètes. Toutes ces formes de matière sont des arrangements d'atomes.

J.-C. C. — Tous ces atomes sont identiques, pour les Grecs ?

T. D. — Non. Ils pensent que la nature utilise divers types d'atomes. Mais ils n'ont pas, évidemment, les moyens de le démontrer.

J.-C. C. — Ces corps composés d'atomes se déplacent et évoluent, j'imagine, dans le Temps ?

T. D. — Le Temps est le dernier constituant de la physique grecque, même s'il y reste à l'état implicite. Car les Grecs n'ont pas développé de théorie précise du Mouvement.

J.-C. C. — Lequel suppose le temps ?

T. D. — Bien sûr. Le mouvement, c'est la science de l'espace en fonction du temps.

J.-C. C. — Le temps est donné *a priori*, comme l'espace ?

T. D. — Oui, mais ne nous pressons pas pour parler du temps. Nous y reviendrons, nécessairement. Auparavant, je voudrais insister quelque peu sur la naissance de la géométrie.

J.-C. C. — Elle aussi grecque ?

T. D. — Oui. Cette naissance dura neuf siècles, selon ce que nous pouvons savoir. De Thalès de Milet, qui naquit vers – 625, à l'école d'Alexandrie, où s'illustra le très célèbre Euclide, s'élabora la première théorie scientifique de l'espace. Une immense aventure de l'esprit.

Dans un espace grec

J.-C. C. — Cette théorie supposait donc un vide infini ?

T. D. — Un vide infini, à trois dimensions, et donné *a priori*.

J.-C. C. — Indépendamment de tout contenu matériel ?

T. D. — Exactement. La grande boîte vide. Mais à cet espace vide, on attribua une sorte de structure physico-mathématique, une trame invisible mais précise, sur laquelle l'esprit pouvait à loisir s'exercer.

J.-C. C. — Sur quoi reposait cette structure ?

T. D. — Sur quelques notions fondamentales, d'abord les notions de point, de ligne et de surface. Et de distance, d'angle.

J.-C. C. — Toutes notions qui nous sont familières depuis l'école. Nous avons tous été élevés dans la géométrie d'Alexandrie, dite euclidienne.

T. D. — Et pour la plupart d'entre nous elle constitue, encore aujourd'hui, l'essentiel de notre appréhension du concept d'espace. Quand nous prononçons le mot « espace », presque inévitablement nous sommes projetés dans les concepts d'Alexandrie, nous revoyons des figures, nous murmurons des théorèmes.

J.-C. C. — Une ligne droite est le plus court chemin entre deux points…

T. D. — Par deux points il passe une, et une seule, ligne droite. Trois points disposés dans l'espace, si nous les réunissons, forment un triangle.

J.-C. C. — Ainsi naquit l'angle.

T. D. — À ce propos rendons à Thalès ce qui lui est probablement dû, un théorème remarquable : la somme des trois angles d'un triangle, de tout triangle, est égale au double d'un angle droit.

J.-C. C. — C'est-à-dire à un angle plat.

T. D. — Et n'oublions pas, parmi les vieux refrains géométriques, qui ont traversé plus de vingt siècles, le fameux carré de l'hypoténuse !

J.-C. C. — Le théorème dit « de Pythagore » ?

T. D. — Selon lequel, pour un triangle rectangle, le carré de l'hypoténuse…

J.-C. C. — … est égal à la somme des carrés des côtés de l'angle droit. Je m'en souviens encore. Nous avons donc vécu sur ces notions grecques jusqu'au début du XXe siècle.

T. D. — Et cela continue.

J.-C. C. — Et pourtant, quel chambardement !

Parenté du temps et de l'espace

T. D. — Nous allons y venir, puisque nous sommes supposés faire le point, comme un bateau perdu quelque part sur la mer. Mais d'abord, quelques mots du temps.

J.-C. C. — Pour les Grecs, était-il susceptible d'une description physico-mathématique, comme l'espace ?

T. D. — Implicitement, même s'il fallut attendre le Moyen Âge pour voir émerger une théorie explicite des rapports de l'espace et du temps. Pour les Grecs, il est traditionnellement conçu comme infini, lui aussi, donné *a priori*, indépendamment de tout phénomène qui pourrait le mesurer, mais à une seule dimension.

J.-C. C. — Pas de temps à rebours, de temps parallèles...

T. D. — Non. Il est cependant doté d'une certaine structure mathématique, lui aussi, qui est l'analogue de la notion de distance pour l'espace.

J.-C. C. — Une structure à une dimension ?

T. D. — Exactement. Il s'agit de la « durée » entre deux événements, entre la naissance et la mort d'un individu par exemple. Cette durée, pour les Grecs...

J.-C. C. — ... et donc encore pour nous...

T. D. — ... pour la plupart d'entre nous, est analogue à la distance entre deux points de l'espace. Ainsi, le temps fait l'objet d'une *chronométrie*, comme l'espace d'une *géométrie*. On mesure une durée comme on mesure une distance.

J.-C. C. — L'analogie concourt ici à l'harmonie.

T. D. — Et le monde va.

J.-C. C. — Cependant, les Grecs voyaient bien qu'une pierre lâchée tombait sur le sol, que les corps célestes se déplaçaient dans le ciel, qu'un arc bandé lançait une flèche ? N'avaient-ils donc pas besoin de la notion de Force ? D'Énergie ? Pour compléter les notions d'Espace, de Temps et de Matière ?

T. D. — Étrangement, cette notion leur est restée quasiment étrangère. Bien sûr, surtout en astronomie, ils avaient l'idée du mouvement. Il suffisait de regarder le ciel. Des hommes comme Eudoxe, Aristarque, Hipparque, et bien entendu Ptolémée, ont développé une astronomie d'un haut niveau scientifique. Ils ont su décrire le mouvement des planètes, tel qu'il est vu depuis la Terre, en bon accord avec leurs observations.

J.-C. C. — Comment concevaient-ils ce mouvement, sans l'idée de Force ?

T. D. — Ils se contentaient de le décrire. Le mouvement de chaque planète était conçu comme la combinaison de plusieurs mouvements circulaires, à vitesse constante, sur des cercles emboîtés. Ou bien sur des sphères.

J.-C. C. — Mais la Force manquait toujours ?

T. D. — Assez tôt certains atomistes, comme Lucrèce, sentirent le besoin d'un élément supplémentaire. Des « atomes en mouvement dans le vide », s'assemblant « par hasard », ne suffisaient pas. Il fallait expliquer pourquoi les trajectoires des atomes peuvent dévier, et comment ces atomes s'agrègent entre eux. D'où l'introduction par Lucrèce de l'idée de *clinamen*, de « déclinaison », vrai précurseur de la notion de force.

Entrée de la force

J.-C. C. — Des siècles passèrent.

T. D. — Il fallut des efforts immenses et persistants, les travaux, vers la fin du Moyen Âge, des écoles d'Oxford, de Paris, des Italiens du XVIe siècle, pour arriver enfin, au XVIIe siècle, grâce à Galilée, Descartes et Newton, à une théorie mathématique satisfaisante de la Mécanique.

J.-C. C. — Cette théorie introduisait l'idée de force ?

T. D. — Peu à peu. Elle décrivait comment des forces qui s'exercent entre des corps déterminent le mouvement de ces corps dans l'espace, en fonction du temps.

J.-C. C. — Et cette théorie, à son tour, donna naissance à des principes.

T. D. — Le premier est le principe d'inertie, dû à Galilée et à Descartes : en l'absence de toute force extérieure, un corps se déplace en ligne droite à vitesse constante. C'est-à-dire : selon un mouvement rectiligne, uniforme.

J.-C. C. — Mais qui peut s'accélérer quand intervient une force.

T. D. — Il s'agit là du principe fondamental de la Dynamique. Cette « accélération » est proportionnelle à l'intensité de la force, et inversement proportionnelle à la « masse », ou à la « quantité de matière », du corps.

J.-C. C. — Un corps est initialement au repos. Une force le tire, dans une direction fixe, avec une intensité constante…

T. D. — Cela conduit à un mouvement rectiligne, dont la vitesse s'accroît dans le temps. C'est le cas d'un sprinter qui utilise, en réaction à la poussée qu'il exerce, la force exercée sur ses pieds par le sol.

J.-C. C. — De même pour une voiture, qui démarre au feu vert.

T. D. — Ou d'un bolide au départ d'un grand prix.

J.-C. C. — Et si la force s'exerce sur un corps initialement en mouvement, d'une manière perpendiculaire à son mouvement ?

T. D. — Alors, elle a pour effet de dévier le mouvement « naturel » du corps, qui est rectiligne, et elle le fait évoluer dans un mouvement curviligne. Par exemple, la tension des brins d'une fronde fait que le mouvement de la pierre dessine un cercle.

J.-C. C. — Certains adversaires de la rotation terrestre disaient autrefois que, si la Terre tournait, un oiseau ne retrouverait jamais son nid.

T. D. — Ou que l'eau d'une gouttière tomberait ailleurs, plus loin.

J.-C. C. — Aujourd'hui personne ne s'étonne que, dans un avion en mouvement, la surface du café reste horizontale, dans une tasse.

T. D. — Cette « non-détectabilité » d'un mouvement d'ensemble d'un système de corps, quand il est vu par un des éléments du système, exprime un autre principe de la dynamique, le principe de relativité, dû à Galilée et à Newton, et profondément modifié par Einstein.

J.-C. C. — N'allons pas trop vite et sachons bien, d'abord, d'où nous venons. La première force à être identifiée fut bien celle de la Gravitation, par Newton ?

T. D. — Disons plutôt : de l'interaction gravitationnelle. Après Kepler, Boulliau, Hooke et d'autres, c'est en effet Newton qui la définit. Avec ce principe : la force d'interaction gravitationnelle qui s'exerce entre deux corps est directement proportionnelle aux masses des deux corps, et inversement proportionnelle au carré de la distance qui les sépare.

J.-C. C. — Chacun des deux corps est soumis à une force qui est dirigée vers l'autre corps ?

T. D. — Oui, selon Newton, le long d'une droite qui les réunit.

J.-C. C. — Donc, la Terre exerce une attraction sur la pomme qui tombe, mais la pomme exerce aussi une attraction du même type sur la Terre ?

T. D. — Une attraction d'intensité égale.

J.-C. C. — La Terre tombe donc sur la pomme ?

T. D. — Mais si l'intensité de la force est la même, la différence de masse est telle que (d'après le principe fondamental de la dynamique) le mouvement de la Terre vers la pomme est tout à fait négligeable, comparé au mouvement de la pomme vers la Terre.

J.-C. C. — Et les autres forces ?

Mise en ordre du monde

T. D. — Dès la fin du XVIIIe siècle, on connaissait aussi la force électrique et la force magnétique. Cavendish et Coulomb découvrirent que la force électrique est très semblable à la force gravitationnelle. Cependant, au lieu d'être proportionnelle aux masses des corps, elle l'est aux « charges ».

J.-C. C. — Elle n'est plus proportionnelle aux quantités de matière, mais aux quantités d'électricité ?

T. D. — Précisément. Quant à la force magnétique, c'est plus compliqué. Elle peut être décrite comme une « force supplémentaire » entre deux corps chargés, liée aux vitesses de déplacement de ces charges.

J.-C. C. — Elle est donc proportionnelle aux charges et aux vitesses des corps ?

T. D. — Et inversement proportionnelle au carré de la distance qui les sépare.

J.-C. C. — D'où vient la complication ?

T. D. — De la direction de la force qui agit sur chaque corps. Elle dépend de la position relative et des vitesses des deux corps. C'est cela qui est assez compliqué. Ampère nous a appris à considérer la force magnétique habituelle, que nous rencontrons dans la vie de tous les jours, celle qu'exerce, par exemple, un aimant sur un morceau de fer, comme la résultante d'un très grand nombre d'interactions entre des charges en mouvement (c'est-à-dire des courants électriques microscopiques) situées à l'intérieur de l'aimant et d'autres courants électriques microscopiques situés à l'intérieur du fer.

J.-C. C. — À la fin du XIXe siècle, peut-on dire que la physique confirmait la vision multiséculaire des Grecs ?

T. D. — Oui. De nombreux phénomènes physiques, et chimiques, trouvaient une explication simple dans la « théorie atomiste », dans l'idée que la matière, qui nous apparaît solide et continue, est constituée, au niveau microscopique, d'un très grand nombre d'« atomes ».

J.-C. C. — Quels phénomènes se voyaient ainsi confirmés ?

T. D. — La loi de Lavoisier, par exemple, disant que la masse totale des corps chimiques (somme des masses de tous les atomes en présence) se conserve au cours de toutes les « réactions chimiques ». La masse est ainsi pensée comme « quantité de matière ». Elle est la mesure quantitative de la permanence de la matière.

J.-C. C. — Les réactions ne constituaient donc qu'un changement dans la structure des agrégats d'atomes ? Ces atomes se disposaient autrement, mais leur masse d'ensemble restait la même ?

T. D. — Et cette vision de la physique expliquait aussi les lois quantitatives de la chimie. Elle permettait de calculer les masses relatives des corps chimiques simples, qui entraient en réaction pour former des « composés ». Mendeleïev esquissa même une liste complète des éléments chimiques.

J.-C. C. — Le monde se clarifiait, se mettait en ordre.

T. D. — Mendeleïev partait des atomes les plus simples (hydrogène, hélium, lithium…) qui, à travers des combinaisons multiatomiques, appelées molécules, rendaient compte de l'inépuisable variété des corps, naturels ou artificiels.

J.-C. C. — Mais la structure intime des atomes, leurs constituants, les forces qui les maintiennent restaient inconnus ?

T. D. — Tout cela était à peine pressenti. Becquerel découvrit la radioactivité de l'uranium en 1896 et c'est entre 1895 et 1897 que les travaux combinés de Perrin et de Thomson mirent en évidence l'existence de la première « particule élémentaire », l'électron.

J.-C. C. — L'atome n'était plus ce que disait son nom. Il n'était plus indivisible. Cet électron était donc un grain infinitésimal de matière ? Possédant une masse ?

T. D. — À la fois une masse et une charge électrique. En outre, il subissait des forces électriques et magnétiques, venues de l'extérieur, tout cela en accord avec les lois fondamentales de la dynamique.

J.-C. C. — Résumons la situation il y a cent ans. Elle est assez simple, au fond. Quatre concepts, qui restent séparés les uns des autres, constituent la réalité physique, l'Espace, le Temps, la Matière et la Force. L'espace, donné *a priori*, obéit à la géométrie euclidienne. Le temps, lui aussi donné *a priori*, obéit à la chronométrie newtonienne.

T. D. — Laquelle suppose, entre autres, que les durées mesurées par les horloges ne dépendent ni de la vitesse de ces horloges (si elles sont en mouvement) ni de leur position dans l'espace.

J.-C. C. — La matière est conçue comme une poussière de particules ?

T. D. — Lesquelles, sous l'influence de forces encore peu connues, s'agrègent, forment des atomes ou des molécules. Ces molécules, quand elles s'agrègent en grandes quantités, forment les milieux apparemment continus qui nous entourent.

J.-C. C. — Quant aux forces, on ne connaît que la gravitation, l'électricité et le magnétisme ?

Apparition du champ

T. D. — On subodore cependant qu'il doit exister quelque chose comme une force chimique, qui assure la stabilité des atomes et des particules.

J.-C. C. — Et la notion de « champ » ?

T. D. — Elle existe. Elle est même le premier glissement conceptuel majeur dans l'ancien système. À la suite de Faraday, Maxwell, dans les années 1860, a proposé de changer l'idée newtonienne de la force. Au lieu de la concevoir comme une interaction à distance, à travers un espace vide, entre deux corps ou deux particules, il a introduit l'idée d'un « champ de forces ».

J.-C. C. — Il était ainsi le premier à peupler le vide ?

T. D. — À concevoir chaque corps (capable de subir ou de créer une force) comme structurant l'espace autour de lui.

J.-C. C. — Comme un aimant crée un champ magnétique autour de lui ?

T. D. — Ce que l'on peut vérifier par la structuration de la limaille de fer autour de l'aimant. De même, une charge électrique crée un champ électrique. L'espace, dès lors, est conçu comme « habité par tous les champs possibles ». L'existence, la réalité d'un de ces champs n'est révélée que si on y place un corps susceptible de subir l'action de ce champ. Pour reprendre l'exemple de la pomme, Maxwell dirait que la masse de la Terre structure « gravitationnellement » l'espace autour d'elle, jusqu'à l'infini, en créant, en tout point de l'espace, un « champ gravitationnel ».

J.-C. C. — Mais ce champ est virtuel.

T. D. — Il devient réel si, en ce point de l'espace, on place une petite masse, comme la pomme, susceptible de réagir au champ gravitationnel. Le champ imprime alors à cette pomme une force proportionnelle à la fois à la masse de la pomme et à l'intensité du champ gravitationnel.

J.-C. C. — Laquelle est proportionnelle à la masse de la Terre ?

T. D. — Et décroît avec la distance.

J.-C. C. — Quels autres principes courants de la physique du XIXe siècle vont se trouver emportés par la débâcle ?

T. D. — Nous pouvons en citer trois, celui de *Causalité* d'abord, selon lequel l'évolution de la configuration de la matière est décrite par des lois mathématiques déterministes, si bien que l'état de la matière (positions, vitesses, masses) à un certain instant, et de toutes les forces parcourant cette matière, en détermine l'évolution.

J.-C. C. — Si on connaît tout à un instant, tout est prévisible.

T. D. — Et tout est rétrodictible !

« Rien n'est sans raison »

T. D. — Un autre principe, celui de l'*Unicité de la réalité*, exprime une exigence encore plus primitive, même si elle reste, la plupart du temps, implicite. Ce principe dit qu'à tout moment l'état de l'univers est décrit par une configuration unique.

J.-C. C. — Qu'il n'y a qu'un seul univers réel ? Qu'un seul à la fois ?

T. D. — Même si l'on peut concevoir d'autres univers « possibles ». Mais ils ne coexistent pas.

J.-C. C. — Le monde est ce qu'il est, il n'est pas un autre monde.

T. D. — L'univers physique est unique, à la fois dans sa configuration à un instant donné et dans son évolution, dans son développement dans le temps. Quant au principe de *Raison*, qui s'introduit dans la pensée autour de Leibniz, il répond à une exigence plus profonde encore. Il dit que « rien n'est sans raison ». Non seulement tout mouvement de la matière doit avoir une cause, mais l'exigence de « rendre raison » s'étend à tous les aspects de la recherche scientifique.

J.-C. C. — Nous entrons dans le territoire des questions qui commencent par « pourquoi ».

T. D. — Exactement. Quelle est la « raison » de l'existence de l'interaction gravitationnelle ? « Pourquoi » est-elle proportionnelle aux masses ?

J.-C. C. — « Pourquoi » est-elle inversement proportionnelle au carré de la distance ?

T. D. — Et finalement : « Pourquoi y a-t-il quelque chose plutôt que rien ? »

J.-C. C. — J'avoue que j'ai toujours quelque réticence quand je rencontre une question « pourquoi ». J'y vois toujours un présupposé, une intentionnalité secrète, comme si le monde se devait d'avoir un sens, et d'obéir à notre raison. J'ai toujours envie de demander : pourquoi demandez-vous pourquoi ? Je suppose que nous y reviendrons.

T. D. — Sans doute. Mais le pourquoi a le mérite de maintenir la recherche en mouvement, en quête de nouvelles réponses. Et certaines de ces interrogations, on peut déjà le dire ici, ont profondément modifié le cadre conceptuel de la physique. Les plus ambitieuses d'entre elles sont devenues monnaie courante dans la science contemporaine.

J.-C. C. — « Rien n'est sans raison », proclame l'espèce humaine, qui se conduit elle-même d'une manière totalement irrationnelle. Mais que veut dire exactement le mot « raison » ? Il n'a pas le même sens que le mot « cause » ?

T. D. — Il fait plutôt référence à cette nécessité, qui est la nôtre, d'appréhender le monde à travers une représentation logique, cohérente.

J.-C. C. — Ce besoin est en nous. Et il paraît supposer, en ce sens, non seulement que l'univers est logique, mais que cette raison est une sorte de dimension *a priori*, comme l'Espace et le Temps majuscules, un esprit virtuel, qui attendrait les choses pour les organiser, pour les mettre en place, ou tout au moins, s'il ne les crée pas, pour les accepter ou les rejeter. Un peu comme le Dieu de Descartes, qui a mis des lois dans la nature, mais en y échappant, en restant à l'extérieur.

T. D. — Je ne pense pas que le principe de raison présuppose l'existence de cet esprit virtuel, qui transcenderait la nature.

J.-C. C. — Une deuxième attitude consisterait alors à dire : il y a des lois sans Dieu. Mais la raison reste toujours présente, pressante, et ne cesse de demander pourquoi.

T. D. — Ce questionnement perpétuel de la science, initié par les Grecs, est devenu de plus en plus exigeant au XXe siècle. Il va jusqu'à demander le pourquoi de l'existence des lois physiques.

J.-C. C. — Le pourquoi du comment.

T. D. — Si vous voulez.

J.-C. C. — S'il n'y avait pas de lois, comment l'esprit pourrait-il parler de ce qui par définition lui échappe ? De ce qui n'a pas besoin de lui ? De ce qui le dépasse et l'égare ?

T. D. — En fait, il est possible de concevoir une structure de la réalité physique qui soit complètement aléatoire, et cela au niveau le plus fondamental.

J.-C. C. — Une structure où les lois physiques n'émergeraient qu'à des échelles plus grandes ?

T. D. — À des échelles susceptibles d'être observées par nos instruments. Mais revenons, pour le moment, à la débâcle.

Des manuels falsifiés

J.-C. C. — Auparavant, je voudrais poser une première pierre dans notre jardin. Nous sommes là, en ce début de millénaire, essayant de dire aussi clairement que possible l'état de la physique…

T. D. — … avant et après un siècle de bouleversements inouïs.

J.-C. C. — Bouleversements dont nous allons tenter de parler. Mais quelle distance sépare une découverte scientifique de son installation dans la connaissance ordinaire ? Comment s'effectue cette transmission ?

T. D. — Parfois, tout simplement, elle ne s'effectue pas. Un certain pourcentage d'Européens, aujourd'hui, font encore confiance à l'astrologie, ou croient que le Soleil tourne autour de la Terre.

J.-C. C. — Il y a plus grave. Dans les manuels scolaires destinés à l'enseignement des sciences, on trouve des énormités.

T. D. — J'ai fait une petite enquête là-dessus. Je me suis procuré des manuels depuis 1920 jusqu'à nos jours. Naturellement, il faut toujours un certain décalage, en gros d'une dizaine d'années, entre la confirmation d'une découverte et sa présence dans les manuels.

J.-C. C. — Ce que nous apprenons à l'école, ainsi, est toujours faux.

T. D. — Dépassé, en tout cas. Mais le plus troublant, en ce qui concerne la physique, est que les manuels des années 1980 sont plus exacts, plus précis, que ceux de la fin des années 1990.

J.-C. C. — Un exemple ?

T. D. — Dans le manuel de Physique de Nathan destiné à la Terminale Sciences, et édité en 1999, le dernier en date, on trouve ce paragraphe :

> « Les astronomes se préoccupent des origines et de la création de notre monde ; l'expansion de l'univers suggère l'idée d'une explosion originelle : le *Big Bang*, qui aurait engendré l'ensemble des galaxies. »

J.-C. C. — Et tout est faux ?

T. D. — Pire ! Comme disait le grand physicien Wigner, parlant de travaux scientifiques sans aucun intérêt : « Ce n'est même pas faux ! » *(It's not even wrong !)* Il y a là à la fois un problème de formulation et un problème de fond.

J.-C. C. — Les mots « création » et « engendré » sont suspects. On se croirait au XVIIe siècle.

T. D. — Il ne s'agit pas d'« astronomes », mais d'astrophysiciens. Et que dire de « se préoccuper » ? Comme s'il s'agissait d'un souci personnel, alors que nous sommes ici en plein terrain de travail rationnel. Et le mot « explosion », qui est absurde, car il véhicule une image scientifiquement fausse du concept de Big Bang.

J.-C. C. — Au-delà de la formulation, quel est ici le problème de fond ?

T. D. — Cette phrase est la seule, de tout le manuel, qui fasse allusion à la théorie de la Gravitation d'Einstein.

J.-C. C. — Le reste du livre n'expose donc que la théorie newtonienne ?

T. D. — Exactement. Et en restant à un niveau ultra-élémentaire. Ce manuel ne reflète rien, absolument rien, de trois cents ans de progrès dans la compréhension de l'interaction gravitationnelle.

J.-C. C. — Peut-on exiger qu'un manuel de Terminale expose en détail la théorie d'Einstein, réputée pour être difficile ?

T. D. — Non, bien sûr. Il ne s'agit pas de rebuter les élèves par un excès de formalisme mathématique. Mais ce que je trouve très regrettable, c'est qu'un manuel édité en 1999 fasse une impasse totale sur les grandes théories scientifiques du XXe siècle, et n'essaye même pas de tracer un chemin d'accès aux nouveaux concepts de la réalité physique qui accompagnent ces théories.

J.-C. C. — La phrase que nous avons citée n'est qu'une version journalistique.

T. D. — Même pas. Elle est une version non conceptualisée, c'est-à-dire non pensée, et par conséquent incompréhensible, d'une des prédictions les plus remarquables de la théorie d'Einstein.

J.-C. C. — Qu'aurait-il fallu expliquer ?

T. D. — Comment le bouleversement, opéré par Einstein, des concepts d'espace et de temps, conduit à prédire le caractère dynamique de l'univers.

J.-C. C. — Et que dit le manuel de Mécanique quantique ? Lui rend-il davantage justice ?

T. D. — Nullement ! Alors que la théorie quantique, nous le verrons, a apporté une explication profonde de la structure et de la stabilité de la matière qui nous compose et qui nous entoure, on n'en trouve, dans ce manuel, aucune trace.

J.-C. C. — Ce manuel de 1999 véhicule donc la même image du monde qu'un manuel des années 1920 ?

T. D. — Essentiellement, oui !

J.-C. C. — Pourquoi cette falsification du savoir ?

T. D. — Elle correspond sans doute à l'exigence, formulée par plusieurs ministères, d'un « allégement des programmes », avec le but avoué d'admettre au titre de bachelier 80 ou 85 % des candidats. Comment faire ? C'est très simple : on abaisse le niveau.

J.-C. C. — Mais le livre que nous citons est destiné à des élèves de Terminale *Sciences* ! Qu'en est-il dans les autres branches ?

T. D. — Je n'ose pas y penser !

J.-C. C. — C'est comme si la science se développait en vase clos, réduite au silence par des décisions politiques. Il est vrai que la politique est attirée par le silence, qui s'exerce par la langue de bois. Et maintenant, si nous entrions dans le siècle des étonnements ?

T. D. — Nous le pouvons.

L'espace-temps rigide (1905).

2

LE TEMPS PERDU

JEAN-CLAUDE CARRIÈRE — Par quel principe commençons-nous ?

THIBAULT DAMOUR — C'est assez indifférent, car une débâcle en entraîne très vite une autre. Aucun ordre chronologique n'est ici possible. Je propose que nous commencions, un peu arbitrairement, par le temps. Et nous commençons, non pas au début du siècle, mais en 1922.

J.-C. C. — Pourquoi ?

T. D. — Au mois d'avril de cette année-là, Einstein vient à Paris. La renommée du savant allemand est déjà planétaire, surtout depuis que plusieurs équipes d'astronomes anglais ont vérifié en 1919, avec éclat, sa théorie de la relativité générale.

J.-C. C. — Ce fut donc une visite médiatique, comme nous dirions.

T. D. — Et même mondaine. Tous les journaux en parlèrent. Le grand public, à la différence d'aujourd'hui (semble-t-il), se montrait avide de comprendre les idées du nouveau génie, qui se présentaient dans une aura de mystère et d'obscurité. Même les caricaturistes lui firent la part belle.

J.-C. C. — Einstein donna des conférences ?

T. D. — Bien sûr, au Collège de France, où il eut de longues discussions scientifiques avec, entre autres, Langevin, Hadamard et Painlevé. Mais j'aimerais insister sur sa rencontre avec Henri Bergson, le 6 avril, à la Société française de philosophie.

J.-C. C. — Bergson est alors, en France, le prince des philosophes.

T. D. — Il est sans rival. Et son cheval de bataille est précisément une appréhension philosophique du passage du temps, du flux temporel.

J.-C. C. — Le temps comme « donnée immédiate de la conscience ».

T. D. — Ce qui est en fait une version raffinée du concept commun du temps, le temps comme « durée », comme écoulement, comme passage, que Bergson s'efforce de saisir dans son « immédiateté », disant que seul l'immédiat, l'instant présent, perçu dans une mouvance éternelle, est réel.

J.-C. C. — Et que disait Einstein ?

T. D. — En un débat courtois, où les deux hommes restèrent sur leurs positions, Einstein distingua le temps du philosophe du temps du physicien. Les journaux d'alors résumaient la théorie d'Einstein en une simple phrase : « Le temps n'existe pas. » Sur cette question philosophiquement cruciale, Einstein exprimera sa position intuitive, des années plus tard, dans une lettre à la veuve de son ami de toujours, Michelangelo Besso : « Pour nous, physiciens dans l'âme, la distinction entre le passé, le présent et le futur ne garde que la valeur d'une illusion, si tenace soit-elle. »

J.-C. C. — Dire que « le temps n'existe pas » dépend du sens que nous donnons aux mots. Le temps, en effet, n'a pas d'existence, il n'a ni commencement, ni fin, ni mouvement. Il n'est pas un personnage, il n'a pas d'être. Nous n'en voyons que les effets, nous ne le voyons pas lui-même. Est-il une « dimension », une « donnée » ? Là aussi, les mots sont dangereux. Ils sont anthropomorphiques, comme tous les mots. Si le temps est une dimension, il ne se mesure que d'une manière conventionnelle, par rapport à des phénomènes, comme le mouvement des corps célestes, qui sont eux-mêmes les effets du temps. Mais le temps lui-même échappe à toute appréhension, à toute connaissance, puisqu'il n'existe pas. Comment Einstein, scientifiquement, en parlait-il ?

T. D. — Essayons, pour une fois, de prendre la science au sérieux. Laissons les théories physiques modernes définir elles-mêmes la « réalité ». Et attendons-nous à des vertiges.

J.-C. C. — Il me semble quelquefois que les vulgarisateurs scientifiques de la seconde moitié du XXe siècle ont eu tendance à apprivoiser nos nouveaux vertiges, à essayer à toute force de conserver les conceptions habituelles, qui avaient cours avant 1900.

T. D. — La plupart, en effet, ont essayé d'interpréter les acquis de la nouvelle science comme des ajouts, qui changent certains aspects de la réalité sans mettre à bas les concepts classiques. Par une sorte de prudence. De petit confort.

J.-C. C. — Ce n'est pas votre démarche.

T. D. — Absolument pas.

« Le mouvement est comme rien »

J.-C. C. — Comment le feu fut-il mis aux poudres ?

T. D. — La mèche brûlait depuis quelque temps. Comme toute révolution scientifique majeure, la théorie de la Relativité restreinte, exprimée par Einstein en 1905, fut préparée par de nombreux penseurs, que la conception absolutiste du temps et de l'espace, héritée de Newton, laissait insatisfaits. Elle avait été précédée par toute une série d'expériences de précision qui montraient l'impossibilité de détecter, par des mesures internes, le « mouvement absolu » de la Terre dans l'espace. Expériences qui, par la suite, ont été raffinées et confirmées.

J.-C. C. — Nous revenons au café dans l'avion.

T. D. — Pour reprendre une expression de Galilée, « le mouvement est comme rien », à condition qu'il s'agisse d'un mouvement d'ensemble, en ligne droite et à vitesse constante.

J.-C. C. — Sans virages, sans coups de frein et sans secousses.

T. D. — Dans un avion lancé à grande vitesse, en l'absence de toute turbulence, nous pouvons nous verser un café et le boire comme nous le ferions si l'avion était à l'arrêt.

J.-C. C. — La surface du café, dans la tasse, reste plane.

T. D. — Si nous nous endormons et si, à notre réveil, les hublots sont fermés, nous n'avons aucun moyen, à l'intérieur de l'avion, de savoir si l'avion se déplace ou non. Un mouvement uniforme dans l'espace est indétectable, il est « comme rien ». Cela s'appelle le principe de relativité.

J.-C. C. — Qui n'a connu aucune débâcle.

T. D. — Tout au contraire. Einstein le prit comme postulat de base. Mais il l'utilisa d'une façon révolutionnaire.

J.-C. C. — Et pour le temps ?

T. D. — Einstein combina le principe de relativité avec un nouveau principe, postulant que la lumière se propage toujours, dans le vide, avec la même vitesse, que nous indiquons par c, quelle que soit sa direction, la vitesse du corps qui l'a émise et la vitesse de l'observateur qui l'observe. Il en déduisit d'abord l'impossibilité de définir une simultanéité absolue.

J.-C. C. — Entre deux événements ?

T. D. — Quels qu'ils soient, et où qu'ils se produisent dans l'univers.

J.-C. C. — Cela revenait à dire que le temps absolu et universel n'existe pas.

T. D. — En effet. Les notions traditionnelles, qui nous sont si familières, de passé, présent et futur, sont à oublier. Elles ne sont plus que grammaticales, à la rigueur psychologiques. Elles peuvent être utiles dans la vie courante, mais elles ne correspondent plus à une « réalité physique », car elles n'ont pas d'équivalence, de pendant, dans la description scientifique moderne de l'univers. Il est impossible, scientifiquement parlant, de définir et d'atteindre un « maintenant », un « instant présent », où se manifesteraient tous les phénomènes qui se produisent *au même moment dans tout l'univers*. La fiction du « maintenant », comme celle du « simultané », s'est évanouie, entraînant avec elle l'écoulement du temps et la distinction entre le passé et le futur. Pure illusion.

J.-C. C. — Peut-être, mais tenace.

T. D. — Tenace dans notre vie de tous les jours, dans notre langage fatigué, dans nos sensations imprécises, mais, à strictement parler, intenable, et inopérante, dans la représentation scientifique du réel. Et cela depuis près d'un siècle. En juin 1905, un obscur employé de l'Office des brevets de Berne, en Suisse, Albert Einstein, alors âgé de vingt-six ans, publia dans une revue un court article scientifique qui bouleversa aussitôt, et pour toujours, la conception traditionnelle.

J.-C. C. — Celle qui séparait l'espace et le temps ?

T. D. — Oui. Celle qui régnait alors dans les esprits, malgré des insatisfactions ici et là. Einstein rejette cette séparation, il rejette l'existence *a priori* du temps séparément de l'espace, et crée un nouveau concept, qui va se révéler incroyablement fertile dans l'étude de la réalité physique, celui d'Espace-Temps.

J.-C. C. — Il unit les trois dimensions de l'espace à la dimension unique du temps ?

T. D. — Et les rend inséparables.

Les trains de notre enfance

J.-C. C. — Une fois de plus, la réalité scientifique nouvelle s'oppose à notre perception immédiate du monde, ou tout au moins à l'habitude que nous avons de le percevoir. Nous confondons perception et réalité, erreur distraite contre laquelle les philosophes, Descartes par exemple, nous ont très souvent mis en garde. Le monde n'est pas ce que nous voyons à l'œil nu.

T. D. — Ce que nous croyons voir.

J.-C. C. — Nous devons, à notre perception initiale, qui est indispensable, ajouter un doute, une réflexion, une hypothèse et une expérimentation. Dans ce cas précis, si l'on veut expliquer la différence entre la structure classique, pré-einsteinienne, d'un espace et d'un temps séparés, et la structure nouvelle, le bloc espace-temps, peut-on trouver un exemple simple ?

T. D. — Nous pouvons commencer par une situation simple, qui ne mettrait en jeu qu'une seule dimension de l'espace, au lieu de trois. Il s'agit des problèmes de trains de notre enfance. Une ligne de chemin de fer relie Paris à Lyon. Nous la considérons comme une ligne droite, le long de laquelle s'effectuent les déplacements dans l'espace.

J.-C. C. — En réalité, il y aurait deux voies parallèles, sinon les trains se tamponneraient.

T. D. — Oui, mais simplifions. Ne gardons qu'une voie. Avant Einstein, les trains évoluaient dans un temps universel, qui était le même partout et toujours. Pour le mesurer, on utilisait des horloges fabriquées, avec soin, pour « marcher uniformément ».

J.-C. C. — Sans relation avec l'extérieur, avec le reste du monde ?

T. D. — Tout se passait comme si le temps, imperturbable, était vécu par une espèce de conscience immanente de l'univers.

J.-C. C. — De même pour l'espace ?

T. D. — Dans le cas de la voie ferrée, que nous imaginons comme une ligne, à une seule dimension, la position des trains est tout simplement donnée par la distance qui les sépare, à un moment donné, de leur point de départ.

J.-C. C. — Le problème, dans nos devoirs d'enfance, était toujours de savoir à quel moment, et à quel endroit, deux trains partis l'un de Paris et l'autre de Lyon, marchant à des vitesses différentes, allaient se rencontrer.

T. D. — Pour cela, on dessine un « diagramme de trains ». On porte les distances le long d'une ligne horizontale, et les temps le long d'une ligne verticale.

J.-C. C. — Schéma classique. Abscisses et ordonnées.

T. D. — Et nous portons sur ce diagramme la position de chaque train, en fonction du temps.

J.-C. C. — Il s'agit déjà d'un diagramme d'espace-temps.

T. D. — Oui. La feuille de papier sur laquelle nous traçons le diagramme est un espace à deux dimensions, longueur et largeur. La dimension horizontale représente l'espace, la dimension verticale le temps. Le mouvement du train y est représenté par une « ligne d'espace-temps ».

J.-C. C. — Quelle est la représentation d'un train qui n'est pas en mouvement, mais qui est à l'arrêt dans une gare ?

T. D. — C'est une ligne verticale, parallèle à l'« axe du temps », et coupant l'« axe de l'espace » au point qui figure la position, dans l'espace, de la gare en question.

J.-C. C. — Et qu'en est-il d'un train en mouvement ?

T. D. — Il est représenté par une ligne inclinée. Et plus la ligne s'incline, par rapport à la verticale, plus la vitesse figurée est grande. La « ligne d'espace-temps » qui représente le mouvement de chaque train est ainsi formée, dans le cas où la vitesse du train change par paliers, de plusieurs segments de droite.

J.-C. C. — Plus ou moins inclinés par rapport à la verticale.

T. D. — Exactement. Le croisement de deux trains correspond alors à un point dans ce diagramme, le point d'intersection où la ligne d'espace-temps du premier train rencontre celle du second train. Ce « point d'espace-temps » correspond à un « événement » qui se passe à un instant particulier et en un lieu particulier.

J.-C. C. — Dans le cas considéré, cet « événement », j'imagine, constitue la réponse à la question posée : où et quand les deux trains se rencontrent-ils ?

T. D. — Oui. Et l'espace-temps complet, toujours en restant à deux dimensions, est l'ensemble de tous les événements possibles.

J.-C. C. — S'agit-il déjà d'un espace-temps de type einsteinien ?

T. D. — Non. Il s'agit encore, en fait, du mariage de la carpe et du lapin, d'une union forcée entre les deux structures d'espace et de temps qui restent fondamentalement séparées. En fait, ce schéma contient une toile de fond cachée, une trame, un quadrillage invisible, un ensemble de fibres disposées le long des directions horizontale et verticale.

J.-C. C. — Pourquoi ces lignes invisibles, cette fibration ?

T. D. — Parce que dans la physique classique, avant Einstein, l'espace et le temps sont tous deux absolus.

J.-C. C. — Ce qui signifie ?

T. D. — Dans l'esprit de Newton et de la plupart de ses successeurs, l'espace contient une notion de « repos absolu » et de « mouvement absolu[1] ».

Une trame secrète

J.-C. C. — Un train à l'arrêt est donc en repos absolu. Sans tenir compte des mouvements de la Terre, ou des galaxies.

T. D. — On imagine qu'il existe dans l'espace absolu des points « au repos », qui constituent la trame secrète du diagramme.

J.-C. C. — Il existe aussi un temps absolu ?

T. D. — Oui, et par conséquent une notion de simultanéité absolue, valable pour l'univers entier. Par extension, sur le modèle de la conscience humaine, on

1. En toute rigueur, le concept de mouvement absolu est déjà nuancé, dans la théorie newtonienne, par le principe de relativité. Mais il semble que ce concept a gardé toute sa prégnance primitive jusqu'à ce qu'Einstein introduise la relativité du temps.

imaginait — et la plupart des gens imaginent encore — une sorte de conscience immanente au cosmos. Chaque instant vécu par cette conscience supposée, c'est-à-dire chaque instant du temps universel, correspond à une section, à une ligne horizontale particulière du diagramme précédent. L'ensemble de toutes ces sections, de toutes ces lignes horizontales, constitue le feuilletage temporel du diagramme.

J.-C. C. — Un temps secret, disposé là sur une feuille de papier, auquel nous nous référons sans y prendre garde. Une convention, autrement dit.

T. D. — Mais qui correspondait à toute une vision du monde. Il faut ajouter que les physiciens, avant Einstein, établissaient une différence radicale entre les lignes horizontales et verticales, entre les deux types de fibres. Ils supposaient que la réalité physique était réalisée dans un flux temporel. Dans le passage irréversible et absolu du temps.

J.-C. C. — Où seul le moment présent, le « maintenant », était réel.

T. D. — Bien sûr, puisque le passé n'existait plus et que le futur n'existait pas encore. Dans le diagramme, il faut imaginer, outre le double feuilletage en espace et en temps, cette trame invisible, une structure supplémentaire, qui fait que seule une section horizontale, temporelle, « existe » à tout moment, et que cette section, à mesure que « le temps passe », se déplace. On peut imaginer que, à tout moment, seule une section particulière est « allumée », ou « éclairée », que ce mouvement va du bas vers le haut, « suivant le mouvement du temps », et que cette unique section éclairée, ou habitée, correspond au « maintenant ».

J.-C. C. — Une série sans fin de « maintenant ».

T. D. — Einstein, en quelques pages, fait totalement disparaître la toile de fond, la trame invisible, liée à l'existence séparée d'un temps absolu et d'un espace absolu. Les notions de repos absolu (immobilité dans l'espace) et de simultanéité absolue (l'« instantané » de l'univers) sont déclarées irrecevables. Elles n'ont plus de sens.

J.-C. C. — Einstein fait ainsi éclater les deux cadres fondamentaux de la physique ?

La fin d'un monde rassurant

T. D. — Il s'agit d'une révolution conceptuelle profonde et irréversible. On peut la comparer à l'éclatement des sphères célestes à la fin du XVIe siècle, à l'époque de Giordano Bruno.

J.-C. C. — À la destruction d'un cosmos confortable, bien ordonné en sphères concentriques autour de la Terre, rassurant, accessible. À l'élargissement soudain du monde, au début de la mise en infini de l'univers.

T. D. — Il y a quelque chose de similaire entre l'éclatement des orbes célestes au XVIe siècle, la fin du *cocooning* cosmique, et la dissolution par Einstein de la trame d'espace et de temps absolus au début du XXe siècle. Et dans les deux cas apparaît, pour la conscience humaine, un certain élément d'inquiétude.

J.-C. C. — L'homme du Moyen Âge se sentait sans doute rassuré par l'idée d'un monde clos, tutélaire, sagement ordonné, dont la Terre était le centre, cette Terre dont on lui disait qu'il était le maître et la merveille.

T. D. — Un monde quasi utérin. Après cet éclatement, qui s'accompagne de la mise en mouvement de la Terre, l'homme des temps classiques, confronté à l'effroi pascalien du « silence éternel des espaces infinis », a peut-être trouvé quelque réconfort dans l'idée qu'il existait un « sol », c'est-à-dire un repos dans l'espace, et une « durée », cosmique, universelle.

J.-C. C. — Au moins s'agissait-il de points de repère, qui ne l'éloignaient pas radicalement de son expérience quotidienne, qui ramenaient le monde à sa petite vie, à ses sensations immédiates. Et c'est sans doute pour cette raison que la plupart de nos contemporains pensent et réagissent comme autrefois.

T. D. — Et que nos livres scolaires, bien tristement, en sont restés au XIXe siècle.

J.-C. C. — Ainsi, en 1905, Einstein a commencé de jeter à bas les échafaudages, visibles ou invisibles, que représentaient les structures, absolues et séparées, du temps et de l'espace. Ce fut un sérieux coup de balai dans la pensée du monde. Mais la nouvelle physique ne pouvait pas se contenter de ce nettoyage, de cette destruction. Il lui fallait bien une autre structure, si elle voulait se développer ?

T. D. — Naturellement. Elle ne pouvait pas se contenter d'une négation. Il lui fallait définir la structure fondamentale de la « chrono-géométrie », de l'espace-temps einsteinien.

J.-C. C. — Et par conséquent remettre en cause la géométrie euclidienne ?

T. D. — Celle-ci repose sur l'idée de distance entre deux points. Elle peut être graphiquement représentée en traçant, au voisinage de chaque point, le lieu géométrique des points qui sont à une certaine distance de ce point, considéré comme centre.

J.-C. C. — On trace donc des sphères concentriques autour de chaque point ?

T. D. — Oui, de différents rayons. Si le rayon est nul, la sphère s'identifie au centre. Pour les autres, par exemple la sphère de rayon 2 cm, elle se déduit de la sphère de rayon 1 cm par un simple changement d'échelle, c'est-à-dire par un effet de zoom. La chrono-géométrie de l'espace-temps de la relativité restreinte — qui fut décrite dans les travaux de Poincaré et de Minkowski — maintient cette symétrie sous les changements d'échelle, c'est-à-dire sous la possibilité de faire des zooms.

J.-C. C. — Mais en introduisant la dimension temporelle.

T. D. — Évidemment. Il fallut inventer la « durée-distance » et la représenter. Une différence essentielle apparut alors : le carré de la durée-distance entre deux événements de l'espace-temps peut être aussi bien positif que négatif. Plus précisément, on appela « intervalle d'espace-temps » une certaine combinaison de la distance euclidienne entre la position spatiale de deux événements, disons D, et de la durée les séparant, disons T.

J.-C. C. — Je suppose qu'une équation définit cette combinaison.

T. D. — Bien sûr[1], et on y voit apparaître cette donnée que nous appelons c.

J.-C. C. — La vitesse de la lumière.

T. D. — Plus exactement, la constante de conversion entre les unités de temps habituelles (la minute, la seconde) et l'unité de distance choisie. Cette unité de conversion, ce facteur d'union, était indispensable. Elle vaut un peu moins de 300 000 kilomètres par seconde[2] et s'identifie en effet, autant qu'on sache, à la vitesse de la lumière dans le vide. Elle est, en réalité, la vitesse maximale de propagation des signaux.

J.-C. C. — Elle prendrait place dans la relativité restreinte, même si la lumière n'existait pas ?

T. D. — Oui, et même si la vitesse de la lumière était variable, dépendant par exemple de sa fréquence, de sa couleur.

Représentation de l'Espace-Temps

J.-C. C. — L'« intervalle » est donc le nouveau venu. Il peut être positif, négatif ou nul. Il a supprimé la trame de fond traditionnelle, constituée de lignes verticales qui symbolisaient l'espace absolu, et de sections horizontales qui symbolisaient la simultanéité absolue dans le temps.

---

1. Cette équation est, d'après Poincaré et Minkowski, $S^2 = D^2 - c^2T^2$, où D est la distance et T la durée.
2. Pour être précis, la définition moderne du mètre a été choisie de telle sorte que c = 299 792 458 mètres par seconde.

T. D. — Et d'autres formes de représentation apparaissent. Notre espace-temps est quadridimensionnel (trois dimensions d'espace, une de temps). Il ne peut pas se représenter sur une feuille de papier bidimensionnelle, qui n'était adéquate que dans le cas simplifié des déplacements de trains le long d'une ligne de chemin de fer.

J.-C. C. — Simplification qui constitue un espace à une seule dimension.

T. D. — La géométrie de l'espace euclidien, nous l'avons évoqué, peut être représentée en traçant, autour de chaque point, la sphère de 1 cm de rayon, qui donne ainsi l'ensemble des points situés à un centimètre de ce centre.

J.-C. C. — Existe-t-il une représentation analogue de la chrono-géométrie de l'espace-temps einsteinien ?

T. D. — Oui. Pour l'obtenir, il suffit de tracer autour de chaque « point de l'espace-temps », c'est-à-dire de chaque événement, l'ensemble des « points » (des événements) qui sont séparés de ce point par une « distance-durée » de 1 cm.

J.-C. C. — Vous m'avez promis de ne pas multiplier les équations et les diagrammes.

T. D. — Très bien. Renvoyons-les en note[1].

J.-C. C. — Existe-t-il une représentation graphique de ce « lieu », qui est fait d'espace et de temps ?

T. D. — Pour simplifier, supprimons par la pensée une dimension spatiale et considérons un espace-temps tri-

---

1. Comme la distance-durée au carré (ou « intervalle d'espace-temps ») est donnée par la formule que nous venons d'indiquer ($S^2 = D^2 - c^2T^2$), le lieu des points séparés d'un point central par un intervalle-unité est défini par l'équation $D^2 - c^2T^2 = 1$.

dimensionnel, comprenant *une* dimension temporelle et *deux* dimensions spatiales. L'équation précédente définit alors ce que nous appelons un « hyperboloïde à une nappe ».

J.-C. C. — Ici, une illustration s'impose.

T. D. — Évidemment[1]. La chrono-géométrie d'un espace-temps tridimensionnel est alors représentée en traçant autour de chaque point un tel hyperboloïde. On voit qu'elle est très différente de la géométrie euclidienne où le « lieu » des points est une sphère.

J.-C. C. — Qu'en est-il des événements séparés par un intervalle négatif ou nul ?

T. D. — On peut compléter le graphique précédent en dessinant aussi les lieux des points séparés d'un centre par un intervalle nul (d'équation $D^2 - c^2T^2 = 0$), ou par un intervalle égal à – 1 (d'équation $D^2 - c^2T^2 = -1$). Le premier lieu est un cône (appelé « cône de lumière »), dont le vertex coïncide avec le point central choisi, alors que le deuxième lieu est un hyperboloïde à deux nappes. Une nappe est dirigée « vers le haut », c'est-à-dire vers le futur, et l'autre « vers le bas », c'est-à-dire vers le passé. De même, le cône de lumière comprend deux « nappes », le cône situé dans le futur du point central choisi, et le cône situé dans son passé.

J.-C. C. — Ce passage est un peu difficile.

T. D. — Les graphiques sont là pour nous aider. Mais reconnaissez que représenter l'espace-temps n'est pas une mince affaire.

1. Voir pages 32 et 56.

Une illusion tenace

J.-C. C. — Nous prenons donc la science au sérieux. Nous l'avons dit. Et nous lui faisons confiance. Une des conséquences philosophiques les plus intéressantes de cette représentation de l'espace-temps est l'impossibilité scientifique de définir un « maintenant », ce qui rejoint, d'une certaine manière, une tradition du mouvant, cette certitude intuitive, très ancienne, que le sable du temps s'écoule entre nos doigts sans que nous puissions jamais le saisir ou le retenir. Chaque instant — à supposer qu'on puisse parler d'un « instant », mais notre langage ordinaire est bien obligé de faire avec ce qu'il a —, chaque instant est tout à la fois passé et futur. Il est en devenir et il est devenu. Chaque parcelle d'existence est un *has been*, et cependant elle est perpétuellement nouvelle.

T. D. — Du point de vue einsteinien, l'idée essentielle est que l'espace-temps est un bloc. Nous ne pouvons pas y distinguer une « section horizontale » particulière qui correspondrait au vrai « maintenant », celui de ma conscience de la « présence du présent ». Même en mettant de côté le problème insaisissable du flux temporel, cette mouvance continuelle du temps présent depuis un passé déjà mort vers un futur encore virtuel, il est impossible de définir un feuilletage de l'espace-temps, quel qu'il soit.

J.-C. C. — La distinction entre passé, présent et futur n'est donc qu'une illusion, comme le disait Einstein.

T. D. — Essayons d'être plus précis, dans la perspective d'une description scientifique de la réalité physique, ce qui après tout est notre ambition, en incluant dans cette réalité les systèmes vivants complexes, comme les corps humains. Einstein, ou tout au moins la théorie d'Einstein, nous dit que le fameux « passage du temps », source de mélancolie pour tant de poètes, est une illusion que nous devons sans doute au caractère irréversible de notre mise en mémoire.

J.-C. C. — C'est-à-dire ?

T. D. — Nos opérations de mémorisation se produisent dans des systèmes nerveux d'un type particulier, les nôtres, qui sont en perpétuelle interaction, qui échangent des informations à la fois avec le milieu extérieur et d'autres sous-systèmes des corps qu'ils habitent.

J.-C. C. — Peut-on préciser le rôle de notre système nerveux ?

T. D. — L'ensemble des lignes d'espace-temps représentant la structure et l'évolution d'un tel système nerveux offre, du fait de l'absence d'équilibre thermodynamique et de l'accumulation d'informations, une dissymétrie entre le « bas » (de l'espace-temps) et le « haut ».

J.-C. C. — Et cette dissymétrie serait la racine de la sensation illusoire — que nous partageons tous — d'un écoulement temporel ?

T. D. — Exactement.

J.-C. C. — Vous êtes, dirait-on, en train de définir la *Maya*, ce fameux filet d'illusion dans lequel, selon les penseurs indiens, toute notre connaissance du monde est enfermée, à son insu.

T. D. — Oui, il y a de ça.

J.-C. C. — Notre illusion du « maintenant », du « temps qui passe » serait ainsi le fruit de notre constitution physique et mentale.

T. D. — Les physiciens parlent de « propriété émergente ». De même que la notion de température n'a aucun sens si l'on considère un système constitué d'un petit nombre de particules, de même il est probable que la notion d'écoulement du temps n'a de sens que pour certains systèmes complexes, qui évoluent hors de l'équilibre thermodynamique, et qui gèrent d'une certaine façon les informations accumulées dans leur mémoire.

J.-C. C. — Comme le nôtre ?

T. D. — Oui.

J.-C. C. — Les animaux, par exemple, n'y seraient pas sensibles ?

T. D. — Comme les animaux utilisent les informations sensorielles et mémorielles d'une façon différente des hommes, je pense qu'ils pourraient avoir une notion complètement différente du temps. Mais il est très difficile de nous mettre à leur place.

Les échasses du duc de Guermantes

J.-C. C. — Revenons à 1922 et à la discussion entre Bergson et Einstein, entre « le temps du physicien » et « le temps du philosophe ».

T. D. — Je suis convaincu que Marcel Proust suivait à distance, par les journaux, par ce que ses amis lui rapportaient, la visite d'Einstein et ses discussions avec Bergson.

J.-C. C. — Il est d'usage de rapprocher Proust de Bergson, qui était son cousin, et qui même lui aurait servi de modèle.

T. D. — J'ai une opinion contraire. Je suis frappé par les intuitions de Proust, qui me semblent très proches de la conception d'Einstein. D'ailleurs, ses amis le lui disaient. Proust, qui est mort le 18 novembre de cette même année 1922, a peut-être réécrit les dernières pages de la *Recherche* à ce moment-là, comme un écho magnifique aux nouvelles émergences de la physique.

J.-C. C. — Nous pourrions peut-être relire ensemble, sous cet angle, au moins le dernier paragraphe :

« J'avais le vertige de voir au-dessous de moi, en moi, pourtant, comme si j'avais des lieues de hauteur, tant d'années. »

T. D. — Déjà, dans cette phrase, Proust situe l'être humain dans un espace-temps. Il associe des « lieues » (espace) à des « années » (temps).

J.-C. C. — Il va y revenir. Lisons la fin de l'œuvre :

« Je venais de comprendre pourquoi le duc de Guermantes, dont j'avais admiré, en le regardant assis sur une chaise, combien il avait peu vieilli bien qu'il eût tellement plus d'années que moi au-dessous de lui [...] »

T. D. — Toujours la même association : des années dans un espace « au-dessous de lui »...

J.-C. C. — « [...] dès qu'il s'était levé et avait voulu se tenir debout, avait vacillé sur des jambes flageolantes comme celles de ces vieux archevêques sur lesquels il n'y a de solide que leur croix métallique et vers lesquels s'empressent des jeunes séminaristes gaillards, et ne s'était avancé qu'en tremblant comme une feuille, sur le sommet peu praticable de quatre-vingt-trois années [...] »

T. D. — Le « sommet », de quatre-vingt-trois « années »...

J.-C. C. — « [...] comme si les hommes étaient juchés sur de vivantes échasses, grandissant sans cesse, parfois plus hautes que des clochers, finissant par leur rendre la marche difficile et périlleuse, et d'où tout d'un coup ils tombaient. Je m'effrayais que les miennes fussent déjà si hautes sous mes pas, il ne me semblait pas que j'aurais encore la force de maintenir attaché à moi ce passé qui descendait déjà si loin[1]. Du moins, si elle m'était laissée assez longtemps pour accomplir mon œuvre, ne manquerais-je pas d'abord d'y décrire les hommes (cela dût-il les faire ressembler à des êtres monstrueux) comme occupant une place si considérable, à côté de celle si restreinte qui leur est réservée dans l'espace, une place au contraire prolongée sans mesure — puisqu'ils touchent simultanément, comme des géants plongés dans les années, à des époques si distantes, entre lesquelles tant de jours sont venus se placer — dans le Temps. »

Cette dernière page a été écrite plusieurs fois par Proust. Cette version est celle qui paraît vraisemblable. Mais dans une des variantes, il parle de « la transcription trompeuse d'un univers qui était à redessiner en entier ». Einstein ne saurait mieux dire.

1. Nous donnons ici le texte tel qu'il est établi dans l'édition de la Pléiade. L'édition originale posthume (Gallimard, 1927) offre des variantes, en particulier « [...] déjà si loin, et que je portais si douloureusement en moi ! », et de sensibles différences dans la suite du dernier paragraphe, où le mot « Temps » apparaît une fois déjà, plusieurs lignes avant la fin.

T. D. — L'intuition proustienne de ces « vivantes échasses » et de la distinction entre « une place considérable » dans le temps et une place « si restreinte » dans l'espace me semble un correspondant littéraire de l'espace-temps einsteinien. Plus précisément, on peut identifier ces « échasses » au « tube d'espace-temps » tracé par le corps humain. En effet, la description relativiste d'un corps humain est un écheveau complexe, et constamment renouvelé, d'un très grand nombre (plus grand que 2 suivi de 27 zéros) de lignes d'espace-temps. Cet écheveau, qu'on peut imaginer sous la forme d'un tube d'espace-temps, est en effet beaucoup plus étendu dans sa dimension temporelle que dans ses dimensions spatiales. Nos « échasses » sont gigantesques.

J.-C. C. — Le tube spatio-temporel du duc de Guermantes pourrait-il être mesuré ?

T. D. — Bien sûr. Si nous évaluons à un mètre la « largeur spatiale » de ce tube, c'est-à-dire la place que le duc de Guermantes, ou Marcel Proust lui-même, occupait dans l'espace, sa « longueur temporelle », c'est-à-dire sa place dans le temps, serait un milliard de millards de fois plus grande.

J.-C. C. — Et il en est ainsi pour chacun de nous.

T. D. — Le tube s'allongeant à mesure que nous vieillissons.

J.-C. C. — Et que nous devenons des « êtres monstrueux ».

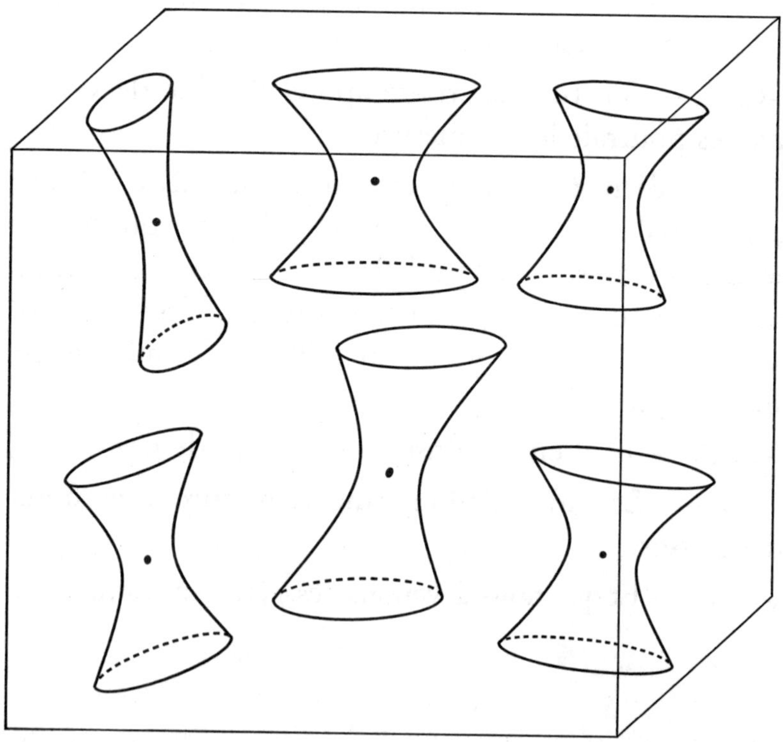

L'espace-temps déformable (1915).

3

ADIEU À LA LOURDEUR DU MONDE

JEAN-CLAUDE CARRIÈRE — Nous devions parler du temps, d'abord. Et le temps nous a transportés jusqu'à l'espace, rendant indissociables ces deux notions. En ce déjà lointain début du XXe siècle, que deviennent les deux autres concepts de base, la Force et la Matière ? La force était alors, comme nous l'avons vu, une notion relativement récente. Que lui est-il arrivé ?

THIBAULT DAMOUR — La même année, 1905, le même homme, Albert Einstein, provoquait une autre révolution. Son travail concluait à l'existence d'un lien nécessaire entre la masse M (c'est-à-dire la capacité d'inertie d'un corps) et l'énergie totale E que « contient » ce corps, qui est « renfermée » en lui.

J.-C. C. — Ici comme partout les mots sont trompeurs. Mais je suppose qu'il s'agit de la célébrissime équation $E = Mc^2$?

T. D. — Elle apparaît en effet cette année-là.

J.-C. C. — Le c est-il celui que nous avons déjà rencontré dans la théorie de la relativité restreinte ? Le trait d'union miraculeux entre l'espace et le temps ?

T. D. — Il est en effet le coefficient de conversion entre temps et espace, numériquement égal, comme nous le disions, à la vitesse de la lumière dans le vide.

L'équation vedette

J.-C. C. — Pourquoi cette équation est-elle aussi célèbre ?

T. D. — Pour deux raisons principales. D'abord, parce qu'elle suggère une unification profonde de deux concepts fondamentaux de la physique classique qui, jusque-là, semblaient être complètement séparés, la force et la matière.

J.-C. C. — Traditionnellement, répétons-le, la matière était l'archétype du permanent, du solide, et surtout de l'inerte.

T. D. — Et la masse mesurait la « quantité de matière ». On pensait que cette masse, quels que fussent les différents états que pouvaient prendre la matière, était constante.

J.-C. C. — Lavoisier n'en avait-il pas fait l'expérience ?

T. D. — En effet. Il avait montré la conservation de la masse à travers des transformations chimiques de la matière, confirmant ainsi cette idée.

J.-C. C. — Et la force était conçue comme radicalement différente de la matière ?

T. D. — Elle agissait sur la matière, sans être de même nature. Lorsque deux corps interagissent l'un sur l'autre, en échangeant des forces, la physique classique considérait qu'existait là une certaine « énergie d'interaction ». Entre les deux corps.

J.-C. C. — Énergie qui dépendait de la distance entre ces corps.

T. D. — Et de la façon dont la « force » correspondante agissait sur les deux corps, autrement dit de son intensité, en fonction de la distance. Par exemple, pour l'interaction gravitationnelle entre deux corps…

J.-C. C. — … la Terre et la pomme…

T. D. — … l'énergie d'interaction était proportionnelle aux deux masses et inversement proportionnelle à la distance qui les séparait. En outre, cette énergie était mesurée par un nombre négatif (plus petit que zéro), car elle favorisait la liaison, le rapprochement entre les deux corps (la force gravitationnelle étant « attractive »).

J.-C. C. — Cette énergie d'interaction se trouve partout ?

T. D. — Partout où des corps qui échangent des forces sont en présence.

J.-C. C. — Même dans l'infiniment petit ? Au niveau des atomes ? Des noyaux d'atomes ?

T. D. — Partout. Prenons un système physique qui est fait de plusieurs sous-systèmes liés par des forces attractives, comme un atome, constitué d'un noyau ayant une charge électrique positive qui attire des électrons de masse électrique négative. Une partie — mais une partie seulement — de l'énergie du système est constituée par l'énergie d'interaction électromagnétique, liée aux forces attractives électriques qui s'exercent entre le noyau et les électrons.

J.-C. C. — Einstein identifie la masse et l'énergie. Qu'est-ce que cela signifie, exactement ?

T. D. — Cela revient à dire qu'une force d'interaction contribue, *via* l'énergie d'interaction correspondante, à la masse, à la « quantité de matière totale » du système considéré. La force n'est plus quelque chose d'extérieur à la matière, s'exerçant sur elle. Masse et énergie, en partie, se confondent.

J.-C. C. — Et la seconde raison ?

T. D. — Une équation est toujours plus qu'une équation. Elle est toujours un saut dans l'inconnu, dont les prolongements sont imprévisibles. Ils se révéleront petit à petit. Dirac disait : « C'est l'équation qui m'a trouvé[1]. »

J.-C. C. — $E = Mc^2$ contenait d'autres bouleversements des conceptions classiques ?

T. D. — Au moins un autre. En effet la matière, nous l'avons déjà dit, représente traditionnellement la substance, ce qui existe de façon permanente sous les apparences changeantes.

J.-C. C. — On parlait même du « cœur de la matière ». Quelque chose de résistant, de rassurant.

T. D. — Or, en identifiant la masse à l'énergie, on dit du même coup que la masse peut changer, puisque l'énergie peut changer. Par exemple, si on chauffe un corps, ou si on lui fait absorber un rayonnement, son énergie totale augmente.

---

1. Il parlait de la célèbre équation, qui porte son nom, et qui décrit le mouvement quantique d'un électron.

J.-C. C. — Selon Einstein, sa masse va aussi augmenter.

T. D. — Et réciproquement, si ce corps perd de l'énergie, sous forme de rayonnement, par exemple, sa masse va diminuer.

J.-C. C. — Évanouie, la stabilité de la matière.

T. D. — Une porte s'est ouverte sur des phénomènes jusque-là inouïs, et même inconcevables. Il devenait possible que toute la masse d'un corps, par rayonnement, devienne de l'énergie et même que, en partant d'une région de l'espace vide de toute matière, on y « crée » une masse, en y concentrant un certain rayonnement de pure énergie.

J.-C. C. — Adieu donc à la permanence du monde.

T. D. — L'équation d'Einstein, dès 1905, nous amenait à concevoir que la matière, toute la matière, était une espèce d'énergie « gelée » et localisée dans l'espace. Elle nous suggérait aussi, oui, que toute matière est fondamentalement instable.

J.-C. C. — Que nous vivons sur une planète qui peut se dissoudre ?

T. D. — Que chaque atome de notre corps peut se dissoudre en un rayonnement impalpable. Ce qui était inouï.

Une matière venue de nulle part

J.-C. C. — Peut-on citer quelques conséquences de cette nouvelle vision ?

T. D. — Les grands accélérateurs de particules, comme le CERN, à Genève, illustrent tous les jours l'instabilité de la matière — une voie qui fut ouverte par la célèbre équation d'Einstein.

J.-C. C. — Plus précisément ?

T. D. — Prenons par exemple un collisionneur d'électrons et de positrons, où l'on fait se rencontrer un faisceau d'électrons à une vitesse très proche de celle de la lumière, et un faisceau de positrons, allant en sens inverse, à une vitesse du même ordre.

J.-C. C. — Je sais bien que l'électron est une particule de matière, puisque chaque atome de notre corps en contient, mais qu'en est-il du positron ? Est-il aussi de la matière ?

T. D. — Le positron appartient à ce qu'on appelle l'antimatière. En fait, la distinction entre matière et antimatière est conventionnelle. Nos corps pourraient être faits d'antimatière : nous ne nous en apercevrions pas.

J.-C. C. — À condition, j'imagine, que tout notre environnement, notre nourriture, l'air que nous respirons, en soient également constitués.

T. D. — Bien sûr. Un positron, ou « antiélectron », peut donc être considéré comme de la matière. Il s'agit simplement d'un électron dont la charge électrique est positive, au lieu d'être négative. Un positron isolé dans l'espace est tout aussi stable qu'un électron. Il a une durée de vie infinie (pour autant qu'on sache).

J.-C. C. — Que se passe-t-il donc quand une particule de matière comme l'électron rencontre une autre particule de matière, comme le positron ?

T. D. — Parfois, il ne se passe rien de dramatique. Les trajectoires des électrons et des positrons sont déviées par la force électrique qui s'exerce entre la charge négative de l'électron et la charge positive du positron, mais parfois l'électron et le positron disparaissent.

J.-C. C. — Tous les deux ?

T. D. — Oui, ils « s'annihilent ». À leur place apparaît de la lumière. Par exemple, deux grains de lumière sont créés, deux *photons*, et ils partent, à la vitesse de la lumière, dans deux directions opposées.

J.-C. C. — Matière plus matière devient lumière ?

T. D. — Oui. Ce processus illustre à l'évidence l'impermanence de la matière. Lavoisier aurait été stupéfait d'apprendre, de voir, que deux particules matérielles, chacune ayant une masse non nulle (la masse du positron est égale à celle de l'électron), peuvent disparaître en donnant naissance à deux grains de lumière, lesquels, d'après Einstein, ont une « masse au repos » nulle.

J.-C. C. — Deux masses non nulles ont donc disparu ?

T. D. — Oui.

J.-C. C. — La loi de Lavoisier, qui concerne la conservation de la quantité de matière, est donc fausse ?

T. D. — Elle n'est pas fausse, elle est transcendée, et remplacée par la loi de conservation de l'énergie. En effet, Einstein nous dit qu'il faut penser la masse comme une forme particulière d'énergie.

J.-C. C. — Mais il maintient la loi de conservation de l'énergie totale du système ?

T. D. — Dans le cas de la collision d'un électron et d'un positron, l'énergie du système avant la collision est la somme des « énergies de masse » ($E = Mc^2$) de l'électron et du positron, et de leurs « énergies de mouvement », dites aussi « énergies cinétiques ». Celles-ci sont données par des formules plus compliquées que la formule newtonienne.

J.-C. C. — Nous les mettons en note ?

T. D. — Cela n'en vaut pas la peine. La formule newtonienne dit : $E = Mv^2/2$, et, lorsque la vitesse v est beaucoup plus petite que celle de la lumière, les nouvelles équations s'y réduisent.

J.-C. C. — Je suppose que l'énergie totale de la lumière créée par la collision est exactement égale à l'énergie totale de la matière avant la collision.

T. D. — Tout à fait. Mais au vu de la disparition de la matière et de l'apparition, à sa place, de lumière, Lavoisier aurait du mal à maintenir son célèbre « rien ne se perd, rien ne se crée ».

J.-C. C. — Si la matière peut devenir lumière, l'inverse est-il possible ?

T. D. — Il s'agit ici de la conséquence peut-être la plus importante de l'équation d'Einstein. Par exemple, en faisant entrer en collision deux grains de lumière correspondant à une énergie totale suffisamment élevée, on peut faire apparaître, littéralement « de nulle part », de la matière.

J.-C. C. — Sous quelle forme ?

T. D. — Sous la forme d'un électron et d'un positron, mais on peut également faire apparaître, si on y met assez d'énergie, de la matière plus lourde, comme un proton et un antiproton, ou un neutron et un antineutron.

J.-C. C. — La matière peut donc jaillir du vide ?

T. D. — Du vide, oui, en précisant bien que ce vide n'est pas le néant, mais un milieu qui fourmille d'activité et de processus virtuels.

J.-C. C. — Cependant, cette activité est limitée au monde microscopique et ne peut être révélée que dans les accélérateurs de particules. Cela ne concerne pas notre vie de tous les jours, et la matière visible, palpable, qui nous constitue et qui nous entoure.

T. D. — Bien au contraire, puisque la cosmologie contemporaine nous dit que toute la matière, chaque électron, chaque proton présent dans les atomes de notre corps, que tout a été créé à partir de la lumière du Big Bang primordial.

J.-C. C. — Au commencement était la lumière...

T. D. — Et la lumière, en rencontrant la lumière, créa la matière.

J.-C. C. — Ce qui suggère que la matière peut redevenir lumière ?

T. D. — Oui, car elle est fondamentalement instable et peut, à chaque instant, se dissoudre en rayonnement. Mais pour comprendre ce phénomène, nous devrons aborder la théorie quantique.

J.-C. C. — Ce n'est pas pour tout de suite ?

T. D. — Il nous faut d'abord faire un tour par la Relativité générale.

Une idée heureuse

J.-C. C. — Dans la physique classique, le temps et l'espace étaient deux absolus, des structures rigides, données *a priori*, et parfaitement indépendantes de la matière. Le contenu n'affectait en rien les contenants. Lorsque Einstein remplace l'espace et le temps séparés par une structure unifiée, l'espace-temps, cette structure reste-t-elle encore rigide ?

T. D. — Oui, elle est indépendante de la matière-force, qu'Einstein unifie à travers sa fameuse équation. Elle est elle aussi donnée *a priori*, comme dans les schémas anciens. Cependant, en 1907, alors qu'il travaille encore à Berne, à l'Office des brevets, Einstein a une autre idée, « la plus heureuse de sa vie », à l'entendre. Cette idée va bouleverser, là encore, la distinction traditionnelle entre un contenant rigide et son contenu. C'est l'idée d'une « chute universelle », présente en tous points de l'espace physique.

J.-C. C. — « Et dans les nuits, la lourde Terre tombe », écrivait Rilke.

T. D. — « Tous nous tombons… Cette chute est en tous… »

J.-C. C. — N'est-ce pas ce qu'on appelle la Gravitation ?

T. D. — C'est elle, conçue comme une force qui agit sur les corps qui tombent. On savait depuis Galilée et Newton que cette force présente une propriété très remarquable. Tous les corps, placés dans un champ gravitationnel extérieur, tombent exactement avec la même accélération.

J.-C. C. — Quel qu'en soit le poids ?

T. D. — Quelles qu'en soient la nature et la masse.

J.-C. C. — On parle ici de chute libre dans le vide ?

T. D. — Oui, en l'absence, par exemple, de tout frottement dû à l'air. Un kilo de plomb, dans le vide, tombe exactement comme trois kilos de fer.

J.-C. C. — Et dix kilos de plomb comme un kilo de plomb ?

T. D. — Cela, Galilée, et même ses prédécesseurs, comme Benedetti, le savaient déjà. Si on divise une masse de dix kilos en dix blocs séparés d'un kilo chacun, et si on les dispose ensemble, tous les dix, comme une sorte de paquet-cadeau, cet ensemble de masses séparées tombera comme un seul kilo.

J.-C. C. — Mais comment se fait-il qu'un kilo de plomb tombe comme un kilo de fer, ou de bois ?

T. D. — À l'époque d'Einstein, cette universalité de la chute libre avait été vérifiée avec une extrême précision, au milliardième près. Einstein postula qu'il s'agissait d'une propriété exacte et en déduisit une nouvelle théorie de l'espace-temps.

J.-C. C. — La théorie de la Relativité générale ?

T. D. — Qu'on appelle aussi la théorie de la Gravitation d'Einstein. C'est la même chose.

J.-C. C. — Peut-on dire comment ce postulat conduisit à une théorie nouvelle ?

T. D. — On peut essayer de le dire. L'espace-temps de la relativité restreinte, cette notion nouvelle, avait perdu les structures anciennes, la trame de fond, qui sous-tendaient le caractère absolu de l'espace et du temps. Après 1905, il était devenu impossible de parler d'une position absolue, ou d'une vitesse absolue dans l'espace.

J.-C. C. — Le mouvement uniforme (nous à l'intérieur d'un avion calme) était comme rien, pour parler comme Galilée.

T. D. — De même — insistons un peu — on ne pouvait plus parler d'une position dans le temps.

J.-C. C. — D'un « maintenant ».

T. D. — D'un « maintenant » qui correspondrait à tout ce qui se passe au même instant dans l'univers. En revanche, la théorie de la relativité restreinte continuait à admettre, comme celle de Newton, qu'un mouvement accéléré n'est pas rien et qu'il se distingue radicalement d'un mouvement rectiligne uniforme.

Sur la planète du Petit Prince

J.-C. C. — Un mouvement peut être accéléré de plusieurs façons ?

T. D. — En intensité et en direction. Un mouvement circulaire est accéléré, même s'il est uniforme.

J.-C. C. — Ce n'est pas le cas pour un mouvement rectiligne ?

T. D. — Non. Dans ce cas, pour qu'il y ait non-uniformité du mouvement, la vitesse doit varier. Cela, nous pouvons le sentir facilement, dans la vie de tous les jours, dans un train par exemple. S'il va en ligne droite à vitesse constante, on ne remarque pas qu'il bouge.

J.-C. C. — Sauf en regardant par la fenêtre.

T. D. — Mais nous le remarquons dans un virage, dans une courbe, ou bien si le train freine ou accélère brutalement. Imaginons maintenant que nous nous trouvons sur une planète où la gravitation est beaucoup plus faible que sur la Terre. Si faible que nous allons la négliger.

J.-C. C. — La planète du *Petit Prince*, par exemple ?

T. D. — Par exemple. Et supposons que cette planète, et tous ses habitants, sont soumis à l'attraction gravitationnelle d'une énorme masse très lointaine.

J.-C. C. — L'attraction de cette énorme masse va faire tomber la planète.

T. D. — Avec une accélération qui peut être très grande. Si cette accélération dépendait de la composition des différents corps existant sur cette planète, on la remarquerait, inévitablement.

J.-C. C. — Par exemple si le corps du petit prince tombait avec une accélération plus grande que le sable, ou les roches, de la planète.

T. D. — Dans ce cas, il aurait tendance à s'écraser sur le sol. Et nous sentirions les effets de notre chute vers la masse lointaine.

J.-C. C. — Mais si tous les corps tombent avec la même accélération, notre corps ne s'écrasera pas, il restera toujours à la même distance de la planète.

T. D. — Et il ne sentira pas le moindre effet mécanique, même le plus léger, de l'accélération commune, imposée par la masse lointaine à la planète et à tous ses habitants.

J.-C. C. — L'accélération provoquée par des masses lointaines devient donc inobservable. Nous tombons, mais sans le sentir.

T. D. — Parce que nous tombons tous avec la même accélération. En apparence, ce phénomène n'intéresse que les effets mécaniques. Einstein sentit pourtant qu'il pouvait y avoir là une propriété générale, s'appliquant à toutes les lois de la physique.

J.-C. C. — Encore un postulat ?

T. D. — Oui, selon lequel le mouvement d'accélération gravitationnelle dû à des masses lointaines est « comme rien ».

J.-C. C. — Inobservable à l'intérieur du système en chute libre ?

T. D. — Aucun phénomène physique, à l'intérieur du système, ne permet en effet de l'observer. Ainsi Einstein généralisait le principe de relativité restreinte, qui postulait qu'un mouvement d'ensemble non accéléré n'est pas observable. C'est pourquoi on parle parfois de « principe de relativité généralisée ». Expression délicate, d'ailleurs, car cette « inobservabilité » — pardon pour le mot — ne concerne que des systèmes de très petite taille.

J.-C. C. — Comme la planète du *Petit Prince*.

L'ascenseur d'Einstein

T. D. — Einstein donnait souvent l'exemple d'un ascenseur. Dans un ascenseur en chute libre, l'accélération gravitationnelle terrestre, qui est commune à tous les personnages et objets présents à l'intérieur de l'ascenseur, devient « comme rien ».

J.-C. C. — Vue de l'intérieur de l'ascenseur ?

T. D. — De l'ascenseur en chute libre, tous câbles rompus. L'accélération gravitationnelle terrestre a été « effacée ». Cette *a-gravitation* nous a été rendue familière par les images de l'exploration spatiale. Au lieu de l'ascenseur d'Einstein, prenons une capsule spatiale en chute libre dans le champ gravitationnel de la Terre.

J.-C. C. — Cette chute libre est verticale ?

T. D. — Pas nécessairement. Il peut aussi s'agir d'une « chute en rond », c'est-à-dire du mouvement orbital circulaire d'une capsule.

J.-C. C. — Si nous en revenons à Rilke, tout tombe. La Terre elle-même n'est qu'une capsule spatiale d'un type particulier, qui tombe vers le Soleil.

T. D. — Vers le Soleil, et vers toutes les autres masses lointaines. Imaginons l'espace de Rilke comme peuplé d'une très grande quantité de petites capsules spatiales tombant en chute libre dans le champ gravitationnel, lequel, variable de point en point, est créé par la distribution de toutes les masses de l'univers.

J.-C. C. — Et en même temps, à l'intérieur de chaque capsule, la chute est abolie. Le mouvement est comme rien. Nous ne sentons pas tomber la Terre.

T. D. — Les phénomènes physiques s'y déroulent en effet comme si on avait *effacé* le champ gravitationnel extérieur. Einstein trouva naturel de postuler que l'espace-temps, à l'intérieur du tube d'espace-temps de chaque capsule spatiale, peut être identifié à l'espace-temps de la relativité restreinte.

J.-C. C. — Et les lois de Poincaré-Minkowski peuvent s'y appliquer ?

T. D. — Localement. Si nous ne considérons qu'un petit morceau d'espace-temps, correspondant au développement temporel, pendant un bref intervalle, de l'intérieur d'une petite capsule. Mais si on « recolle les morceaux », si nous essayons de représenter la structure globale, universelle, de l'espace-temps, et la distribution des masses, nous obtenons une structure sensiblement plus compliquée.

J.-C. C. — Au début du XXe siècle, pendant même la Première Guerre mondiale, nous commencions donc à comprendre qu'il fallait renoncer à la simplicité du monde.

T. D. — La théorie de la relativité générale n'est pas conceptuellement plus compliquée que la théorie de la relativité restreinte. Elle appréhende un niveau de réalité qui est plus subtil et, en fait, plus « simple », car plus fondamental. Mais cela, les manuels scolaires ont encore du mal à l'admettre. Cent ans plus tard.

Entrée de la courbure

J.-C. C. — Essayons d'aller un peu plus loin. Dans l'espace-temps général, tel qu'Einstein le conçoit, j'imagine que la chrono-géométrie varie de point en point ?

T. D. — Elle est une version disons déformée, ou disloquée, de la chrono-géométrie de Poincaré-Minkowski.

J.-C. C. — Qu'est-ce qui détermine cette déformation ?

T. D. — Question essentielle. Einstein — comme Rilke — nous suggère que des masses présentes dans l'univers déforment et disloquent la belle ordonnance qu'on venait juste d'établir. Ces masses créent un champ d'accélérations gravitationnelles, un « champ de chutes ». Il fallut à Einstein plusieurs années d'un travail intense pour parvenir à formaliser, dans une théorie mathématique précise, une loi physique nouvelle.

J.-C. C. — Que dit cette loi ?

T. D. — Elle établit une relation entre la distribution de matière dans l'univers et la déformation de la chrono-géométrie. Elle est résumée dans une équation qui dit que la « courbure » de l'espace-temps est égale à la densité d'énergie-impulsion, multipliée par un certain coefficient numérique, « κ ».

J.-C. C. — Voici donc qu'apparaît la fameuse courbure.

T. D. — Avec un « tenseur de courbure » et un « tenseur d'énergie-impulsion ». Nous sommes ici sur le seuil d'une porte. Au-delà, nous ne pouvons parler que par équations et diagrammes.

J.-C. C. — Autrement dit, nous entrons dans un monde qui m'est interdit, ainsi qu'à la plupart de mes concitoyens. Je ne peux que croire ce que vous me dites. Au Moyen Âge, pour établir la vérité, des théologiens s'enfermaient pendant des mois, parfois même pendant des années, derrière de lourdes portes de bronze. Entre eux, ils parlaient de « transsubstantiation », de « monophysisme », d'« unité trinitaire », utilisant un langage impénétrable au reste des mortels. Quand ils ouvraient les portes, et proclamaient la vérité, il fallait, de la part des fidèles, un acte de foi pour y adhérer. Ils ne comprenaient goutte aux énoncés des grands mystères. Parfois, j'ai l'impression que nous en sommes au même point. Quand les scientifiques sortent de leurs colloques, et énoncent leurs résultats, ils nous demandent un acte de foi.

T. D. — Ils peuvent tout de même prouver ce qu'ils avancent.

J.-C. C. — Mais les preuves elles-mêmes me sont impénétrables ! Elles sont même quelquefois plus compliquées que les théories. Je sais bien que toute ma vie pratique est comme enveloppée dans un réseau scientifique. Je regarde la télévision, je connais le laser, l'écographie, la RMN. Mais je me dis : est-il bien nécessaire de savoir pourquoi et comment un laser fonctionne ?

T. D. — La plupart des gens se contentent, c'est vrai, des effets de la science, et négligent d'en connaître les raisons, ce lent cheminement théorique et technique qui a conduit à une invention, à un instrument.

J.-C. C. — De là une vraie paresse, qu'on trouve même souvent chez de beaux esprits. D'autres savent pour moi. Je leur fais confiance. De là aussi, par voie de conséquence, cette perte de connaissance, ce déclin très sensible des ouvrages éducatifs, cette désaffection, qui peut aller jusqu'à la défiance. Cette progression de l'obscurité.

T. D. — Après un exceptionnel siècle de lumières. Le vingtième.

J.-C. C. — Einstein n'a pas été un génie isolé ?

T. D. — Dans la découverte de son équation fondamentale, qui date de 1915, il a été grandement aidé par les travaux de plusieurs mathématiciens qui avaient étudié les déformations de la géométrie euclidienne ordinaire : ainsi les « espaces courbes » de Gauss et Riemann, au XIXe siècle. Gauss nous a appris à voir, et à mesurer, la courbure d'une surface dans l'espace euclidien, d'une sphère par exemple, du point de vue d'une fourmi vivant sur cette surface. Ainsi commence une géométrie courbe, qui a ses figures, ses théorèmes, ses applications. Dans ce domaine, Einstein a compris l'importance d'un objet mathématique particulier, le « tenseur de courbure », qui aide à définir la courbure de l'espace-temps.

J.-C. C. — De quoi s'agit-il ?

T. D. — D'un objet qui est défini comme la « différence » entre une chrono-géométrie déformée (ou disloquée) et une chrono-géométrie de Poincaré-Minkowski normale. Faute de pouvoir communiquer au moyen d'équations, cet objet peut se représenter sous la forme d'un diagramme.

J.-C. C. — Il reste à définir la source de cette courbure.

Espace-Temps et Matière-Force

T. D. — C'est la distribution de la masse dans l'univers. D'abord, il est essentiel de rappeler que la formule $E = Mc^2$, écrite sous la forme $M = E/c^2$ veut dire que toute espèce d'énergie distribuée dans l'univers, en y comprenant toutes les énergies d'interaction liées aux forces échangées par la matière, doit contribuer à une distribution de masse-énergie. Autrement dit, la source de la courbure doit être toute la distribution de matière-force.

J.-C. C. — Pas plus qu'on ne sépare l'espace du temps, on ne sépare la force de la matière.

T. D. — Et la courbure de l'espace-temps est reliée à la densité de masse-énergie. Ce dernier objet est, comme la courbure, décrit par un « tenseur ». Il peut se figurer par un graphique représentant un « champ d'hyperboloïdes », ou d'« ellipsoïdes » (selon la structure considérée de la matière), réparti dans l'espace-temps.

J.-C. C. — Du coup cet espace-temps de 1915 n'a plus une géométrie rigide, comme c'était encore le cas après 1905 ? Une géométrie fixée une fois pour toutes ?

T. D. — Non, car le contenant (espace-temps) est déformé par le contenu (matière-force). Le coefficient κ, qui relie la courbure à la densité de masse-énergie, mesure l'« élasticité » de l'espace-temps. Ce coefficient vaut à peu près deux fois dix à la puissance *moins* vingt-sept centimètres par gramme. Pour l'écrire, nous avons besoin de 26 zéros après la virgule, ce qui donne ceci : 0,000000000000000000000000002 cm/g.

J.-C. C. — Cela paraît extrêmement petit.

T. D. — Oui, l'élasticité de l'espace est extrêmement faible, sinon on s'en serait aperçu plus tôt. Et cela signifie que l'espace-temps est en fait très rigide, difficile à courber.

J.-C. C. — Peut-on en donner un exemple numérique ?

T. D. — La courbure engendrée à l'intérieur d'un objet ordinaire (de l'eau, un corps humain, le sol terrestre), avec une densité de l'ordre de 1 gramme par centimètre cube, correspond à la courbure d'une sphère ayant un rayon d'une centaine de millions de kilomètres.

J.-C. C. — Courbure très faible en effet.

T. D. — Si faible que cette sphère, vue par une fourmi vivant à sa surface, lui semblerait encore plus « plate » que nous apparaît la Terre.

J.-C. C. — Mais le point essentiel est que l'espace-temps n'est plus totalement rigide, comme avant.

T. D. — En fait, après Einstein, après 1915, tout a changé. L'espace-temps est devenu un *champ*, influencé par diverses sources. De même que la limaille de fer est disposée d'une certaine manière par le champ magnétique qui existe autour d'un aimant, de même Einstein nous dit qu'une distribution de masses engendre un certain *champ chrono-géométrique*, ou encore un *champ d'espace-temps*.

J.-C. C. — Avec pour conséquences ?

T. D. — Elles sont multiples. Ne citons que les principales. D'abord le ralentissement apparent des horloges dans un champ gravitationnel. Ce décalage semble très faible car il est de l'ordre du milliardième dans le cas du champ gravitationnel terrestre, mais il est utilisé dans un grand nombre d'applications techniques. La « courbure du temps » due à la gravité est un fait observé chaque jour et utilisé dans le guidage des avions, des voitures, et autres, *via* le système de positionnement GPS *(Global Positioning System).*

J.-C. C. — Si l'espace-temps est analogue à un corps élastique déformable, existe-t-il des ondes de déformation de l'espace-temps ?

T. D. — Certainement. On les appelle aussi « ondes gravitationnelles ». Quand une distribution de matière bouge, la déformation de l'espace-temps qu'elle crée autour d'elle, c'est-à-dire la courbure de l'espace-temps qu'elle engendre, ne reste pas localisée au voisinage (spatial) de la matière. Comme la déformation que crée une pierre à la surface de l'eau, la déformation de l'espace-temps créée par des masses en mouvement se propage, dans toutes les directions.

J.-C. C. — Sous la forme d'une onde ?

T. D. — Oui. Et la très forte rigidité de l'espace-temps implique que la vitesse de propagation de cette onde est très grande. En fait, la théorie d'Einstein prédit qu'elle se déplace à la vitesse c, à la même vitesse que la lumière. Et, lors de sa propagation, elle décroît comme l'inverse de la distance qui la sépare de sa source.

J.-C. C. — Connaît-on des confirmations expérimentales de ces prédictions théoriques ?

T. D. — On a comparé en détail les observations, faites par des radiotélescopes terrestres, des ondes radio émises par certains systèmes binaires contenant un « pulsar », c'est-à-dire une étoile à neutrons qui émet un faisceau, pareille à un gyrophare cosmique, avec les calculs théoriques, reposant sur les équations d'Einstein, de la dynamique relativiste de pareils systèmes binaires.

J.-C. C. — Et ces travaux ont confirmé la réalité de l'existence d'ondes de déformation de l'espace-temps ?

T. D. — Oui, complètement.

J.-C. C. — A-t-on détecté l'arrivée d'une onde de ce type sur la Terre ?

T. D. — Pas encore. Et c'est normal, en raison de la très faible élasticité de l'espace. Même de grosses masses se déplaçant à grande allure ne déforment que très faiblement la géométrie de l'espace-temps. De plus, on s'attend à ce que les sources les plus puissantes d'ondes gravitationnelles soient situées dans des galaxies lointaines, ce qui diminue encore l'amplitude de l'onde, laquelle décroît entre sa source et son point d'arrivée. Des expériences américaines (LIGO) et européennes (VIRGO et GEO) espèrent détecter prochainement ces ondes.

J.-C. C. — Au cours de l'évolution, de l'espace nouveau peut-il être créé ?

T. D. — C'est ce qui se passe lors de l'expansion de l'univers. La matière présente dans l'univers tantôt accélère, et tantôt ralentit cette expansion, mais, aussi longtemps que dure l'expansion, de l'« espace » est créé à partir de rien.

J.-C. C. — Et l'espace peut-il disparaître ?

T. D. — Oui. À l'intérieur d'un trou noir, au cours de l'effondrement d'une étoile, l'espace disparaît en un temps fini. Ce temps peut d'ailleurs être très bref : une fraction de milliseconde pour un trou noir de quelques masses solaires.

J.-C. C. — Ou bien à l'occasion de l'effondrement du monde ?

T. D. — À l'occasion d'un *Big Crunch*. Ici, l'échelle de temps est infiniment plus large. Les dernières données cosmologiques ne vont pas dans le sens d'un *Big Crunch*, mais nous devrons encore attendre quelques dizaines de milliards d'années, excusez du peu, pour savoir si nous nous dirigeons vers un effondrement cosmique ou vers un *Big Chill*, une expansion indéfinie dans laquelle l'espace irait se refroidissant de plus en plus.

Fiction de la science

J.-C. C. — Si les éducateurs ont tant de mal à faire entrer l'espace-temps dans la connaissance ordinaire, en revanche, les auteurs de science-fiction s'y sont élancés à vaisseaux perdus, et depuis longtemps. Ils nous ont même proposé des voyages dans « une fissure spatio-temporelle », ou « une faille », « une brèche », « un glissement dans le continuum espace-temps »...

T. D. — *Continuum* est d'ailleurs un mot einsteinien.

J.-C. C. — Atteindre d'autres dimensions, n'est-ce qu'un rêve ?

T. D. — De cette façon, oui, sans doute. Le voyage dans le temps de la science-fiction classique est impossible à réaliser. Tout au moins pour des objets macroscopiques comme nous. Nous verrons que la théorie quantique le permet pour des particules élémentaires.

J.-C. C. — Il faudrait pour cela que nous nous déplacions à une vitesse supérieure à celle de la lumière dans le vide ?

T. D. — Ce qui est inconcevable pour un corps comme le nôtre. On ne peut pas forcer un vaisseau spatial à aller plus vite que la lumière, car la masse de ce vaisseau deviendrait alors infinie. Il nous faudrait une énergie infinie, ce qui n'est pas à notre disposition.

J.-C. C. — Un objet en accélération constante peut cependant s'approcher de la vitesse de la lumière.

T. D. — Mais il ne l'atteindra jamais. La théorie le dit, et les expériences menées dans les grands accélérateurs le prouvent. Il est *a priori* possible de penser à d'autres mécanismes pour « remonter le temps », en utilisant des structures chrono-géométriques de l'espace-temps semblables à celles des trous noirs, et qu'on appelle « trous de ver ». Mais nombreux sont les calculs théoriques indiquant qu'il est impossible de créer, de façon stable, de telles structures à l'échelle macroscopique. Cependant, d'autres rêves sont possibles, à travers l'espace-temps métamorphosé par Einstein et ses successeurs.

J.-C. C. — Quels rêves ?

T. D. — Il est possible qu'ailleurs, loin dans l'espace, ou peut-être loin dans l'espace-temps, le « temps s'écoule à l'envers ».

J.-C. C. — Sérieusement ?

T. D. — Comme nous l'avons dit, le temps est une illusion liée à l'environnement thermodynamique de systèmes complexes. Dans le domaine d'espace-temps que nous observons, nous avons l'impression que le temps s'écoule « du bas vers le haut » de l'espace-temps.

J.-C. C. — Il serait concevable que le même espace-temps, si nous l'examinons dans sa globalité, contienne d'autres domaines ?

T. D. — D'autres domaines, ou d'autres sous-domaines, où des systèmes physiques complexes, dotés d'une mémorisation, ont l'impression, contraire à la nôtre, que le temps s'écoule « du haut vers le bas » de notre espace-temps commun. Cette possibilité conceptuelle a été anticipée au XIXe siècle par Boltzmann. Elle montre bien en quel sens le temps — en tant qu'écoulement — « n'existe pas », dans la théorie d'Einstein.

J.-C. C. — Pourrions-nous observer ce domaine-là, si nous disposions de télescopes ultrapuissants ?

T. D. — Notre compréhension actuelle de l'évolution thermodynamique à partir du Big Bang rend peu probable cette observation. Le domaine serait situé trop loin de nous pour que nous puissions voir des civilisations lointaines vivant à l'envers, des corps sortant de la tombe et finissant par entrer dans une matrice. Mais rien n'exclut, *a priori*, que cette inversion soit réalisée quelque part dans l'espace.

J.-C. C. — Ou dans le temps.

T. D. — Au voisinage d'un *Big Crunch* très lointain, qui serait organisé comme le renversement temporel de notre Big Bang de proximité.

J.-C. C. — Et ces gens se considéreraient évidemment comme normaux. S'ils parvenaient à nous connaître, ils nous tiendraient sans doute pour des anomalies. Au moins la science nous laisse-t-elle la possibilité d'imaginer.

T. D. — De garder notre esprit en mouvement, ce qui est essentiel.

J.-C. C. — Nous sommes loin d'avoir terminé notre revue de fin de siècle. Il nous manque même le clou du spectacle, qui est la Mécanique quantique, et ses prolongements.

T. D. — La mécanique quantique pose un redoutable défi pédagogique. Le mathématicien Alexander Grothendieck écrivait en 1986 : « Passer de la mécanique de Newton à celle d'Einstein doit être un peu, pour le mathématicien, comme de passer du bon vieux dialecte provençal à l'argot parisien dernier cri. En revanche, passer à la mécanique quantique, j'imagine, c'est passer du français au chinois. »

J.-C. C. — C'est-à-dire à un autre rapport avec le monde.

L'équation de Planck

T. D. — Cela commença avant même la théorie de la relativité restreinte. En décembre 1900, à Berlin, Max Planck, qui travaillait depuis des années sur un des problèmes clés de la physique de la fin du XIXe siècle, fit une percée fondamentale.

J.-C. C. — Sur quel problème travaillait-il ?

T. D. — Celui dit du « corps noir ». Il s'agit de la répartition d'énergie selon la couleur (c'est-à-dire selon la fréquence) de la lumière à l'intérieur d'une cavité dont les parois sont chauffées à une certaine température.

J.-C. C. — Que découvrit Planck ?

T. D. — Qu'il pouvait, après mille essais infructueux, reproduire théoriquement, à partir d'une certaine hypothèse, la répartition d'énergie qu'observaient ses collègues dans leurs expériences.

J.-C. C. — Il lançait donc une hypothèse ?

T. D. — Et cette hypothèse est résumée par une des plus importantes équations du XXe siècle, aussi fondamentale que celle d'Einstein.

J.-C. C. — Nous devons donc la citer.

T. D. — Et comment ! Elle est d'ailleurs d'apparence très simple : $\Delta E = hf$.

J.-C. C. — Il faut m'expliquer chaque terme.

T. D. — ΔE désigne la variation d'énergie d'un système physique, f est la fréquence d'un phénomène ondulatoire associé à cette variation d'énergie.

J.-C. C. — Et h ?

T. D. — C'est une nouvelle venue, une constante universelle, dite « constante de Planck ». Dans les unités usuelles (centimètre, gramme, seconde) cette constante a une valeur extrêmement faible, aussi petite, en fait, que l'élasticité de l'espace-temps que nous venons d'évoquer, avec 26 zéros après la virgule. On dit qu'au cours d'une promenade dans un parc berlinois, pendant l'été 1900, Planck dit à son fils qu'il venait de découvrir quelque chose qui allait bouleverser toute la physique de Newton. En effet, cette innocente et brève équation contient en germe la plus radicale révolution conceptuelle de la physique du siècle qui allait s'ouvrir.

J.-C. C. — Mais il lui fallut du temps pour s'installer dans les esprits.

T. D. — Elle modifiait de façon si profonde la physique newtonienne qu'il fallut en effet un grand nombre d'années, et les travaux conjugués de multiples chercheurs, théoriciens aussi bien qu'expérimentateurs, pour parvenir à extraire toute l'information cachée dans $\Delta E = hf$.

J.-C. C. — Voici donc une équation qui contient plus de secrets que Planck ne l'avait cru.

T. D. — Exactement. Des informations que d'autres théoriciens révélèrent. Le travail fut si complexe que même aujourd'hui — sans parler des ouvrages scolaires qui ne font que la mentionner au passage — les physiciens n'ont pas encore réussi à se familiariser véritablement avec la théorie quantique.

J.-C. C. — Le débat a été vif.

T. D. — Et il le reste. Car il s'agit d'un défi : comment convient-il d'interpréter, en termes de « réalité physique », la représentation des phénomènes que nous donne cette théorie ?

J.-C. C. — S'agit-il d'un jeu de l'esprit, ou tout cela est-il bel et bien vrai ?

Kant, un « fils de la Terre »

T. D. — Je propose, comme nous l'avons fait jusqu'à maintenant, que nous maintenions le cap suivant : laisser les théories physiques « dire » ce qu'elles suggèrent sur la structure de la réalité.

J.-C. C. — Sans nous emmêler dans les interprétations.

T. D. — Cette idée était chère à Einstein : les théories physiques définissent leur propre interprétation de la réalité. Inutile d'imposer une interprétation, ou de situer une théorie dans une perspective préalable, déjà établie, venant du « sens commun » ou des théories antérieures. Toute perspective de ce type risque de fausser notre regard.

J.-C. C. — On croit entendre des échos de Kant.

T. D. — En effet. C'est d'ailleurs pourquoi je parle quelquefois du « Kantique du Quantique ». Dans la *Critique de la raison pure*, Kant proposait, après une réflexion purement philosophique, de laisser la théorie de Newton, et de ses successeurs, dire ce qu'était la réalité.

J.-C. C. — La réalité physique, la réalité du monde, est le problème majeur des physiciens, mais aussi des philosophes, en tout cas dans les temps modernes. Et Kant est en effet le premier à avoir « critiqué » de façon très scrupuleuse, très méthodique, les attitudes traditionnelles, toutes celles qui prenaient une pensée pour une réalité, et en particulier la métaphysique dogmatique. Pour lui — il se référait volontiers à Copernic, qui avait déplacé la Terre du centre du monde, et à Newton, qu'il connaissait et enseignait —, loin de reposer sur quelque transcendance, ou sur quelque exaltation mystique, la réalité physique se découvre peu à peu dans les liens que l'esprit entretient avec les choses.

T. D. — Dans une construction intellectuelle, qui repose à son tour sur une représentation mathématique *a priori*. Et lorsque cette représentation mathématique change, ce qui va être le cas avec Planck, la réalité physique change elle aussi.

J.-C. C. — Kant, qui se disait « fils de la Terre », marquant par là son éloignement décisif de tout édifice théologique ou philosophique ne reposant que sur la pensée ou le sentiment, s'est interrogé, comme personne ne l'avait fait avant lui, sur les rapports de notre raison et du monde. Il s'efforçait de mettre la pensée devant son propre tribunal et rêvait de faire de la métaphysique une science. Il a mis sens dessus dessous d'immenses territoires de convictions traditionnelles, même si, aujourd'hui encore, un grand nombre de contemporains se comportent comme si Kant n'avait jamais écrit, ni même existé.

T. D. — Les visions du monde anciennes sont incroyablement tenaces.

J.-C. C. — Même dans les livres qui sont donnés à nos enfants. Et que dire de l'enseignement religieux ! J'ai vu à la télévision un reportage, il y a trois ou quatre ans, où dans une école rabbinique, à Paris, un professeur enseignait à ses élèves, lesquels prenaient des notes, que la Terre a été créée par Dieu il y a un peu plus de six mille ans, comme il est dit dans la Torah, et que toutes les informations données par l'archéologie, la paléontologie, l'histoire, etc. ont été disposées par le diable pour nous tromper.

T. D. — Tous les intégrismes procèdent ainsi, par réductions massives.

J.-C. C. — Et par idiotie dogmatique.

T. D. — La science est naturellement leur ennemie privilégiée. C'est pourquoi ils l'appellent satanique.

J.-C. C. — Ce n'est pas Jésus qui devrait revenir, mais Kant.

T. D. — Justement. Revenons à Kant et au « Kantique du Quantique », c'est-à-dire à une description que Kant aurait approuvée, au ras des concepts physico-mathématiques, de la toute nouvelle réalité quantique.

J.-C. C. — Quelle était donc cette hypothèse, publiée par Planck un jour de décembre 1900 ?

Entrée des quanta

T. D. — Son travail reliait la variation d'énergie ΔE d'un oscillateur mécanique, d'un système oscillant comme un diapason, supposé exister dans les parois du « corps noir », système capable d'échanger de la chaleur rayonnante avec l'intérieur de ce même corps, et la fréquence f de cet oscillateur, qui est la même, en physique classique, que la fréquence du rayonnement électromagnétique qu'il émet ou absorbe.

J.-C. C. — Je sais bien que chaque mot est important, mais la longue phrase précédente, bien qu'elle parle de « rayonnement électromagnétique », me semble obscure.

T. D. — Je vais y revenir par un biais. Disons d'abord que l'équation de Planck a été généralisée par Einstein en 1905 sous la forme E = hf, où f désigne toujours la fréquence d'un rayonnement électromagnétique, mais où E désigne maintenant l'énergie totale d'un photon, c'est-à-dire d'un « paquet de lumière ».

J.-C. C. — Je suis toujours dans le noir.

T. D. — Ce que Planck avait découvert, concernant la variation d'énergie ΔE d'un oscillateur mécanique, Einstein l'étendait à l'énergie totale E d'un paquet de lumière.

J.-C. C. — Et qu'est-ce que Planck avait découvert ?

T. D. — En 1900, suivant en cela la règle en vigueur depuis les travaux de Fresnel, de Young, de Maxwell et d'autres, Planck conçoit encore le rayonnement électromagnétique, celui qu'il étudie, comme une *onde continue* se déplaçant dans l'espace.

J.-C. C. — Avec une fréquence et une longueur d'onde bien définies ?

T. D. — Naturellement. Si nous restons assis à un certain point de l'espace, disaient les classiques, nous voyons une onde de lumière se déplacer comme un « train d'ondes ». Cette onde a une amplitude, une longueur d'onde et une vitesse.

J.-C. C. — S'il s'agit de lumière, cette vitesse est celle que nous avons appelée c.

T. D. — Précisément. Ajoutons que, si on mesure l'amplitude de l'onde, à un certain point, en fonction du temps (comme une oreille fixe mesurerait l'amplitude de l'oscillation sonore émise par un diapason), on voit qu'en effet l'amplitude de l'onde oscille, toujours en fonction du temps, entre deux crêtes. Le temps qui sépare deux crêtes d'oscillation s'appelle la *période* de l'onde.

J.-C. C. — Et la fréquence ?

T. D. — La fréquence est l'inverse de la période. La fréquence est le nombre d'oscillations par seconde. Par exemple, le *la* du diapason représente une fréquence de 440 oscillations par seconde (440 hertz), ce qui correspond à une période égale à un quatre cent quarantième de seconde.

J.-C. C. — Dans l'équation qui relie la période à la longueur d'onde, quand il s'agit d'un diapason, donc d'une onde sonore, on prend pour c la vitesse du son ?

T. D. — Bien entendu.

J.-C. C. — Voilà pour la théorie classique. Et Planck ?

T. D. — En écrivant $\Delta E = hf$, l'idée révolutionnaire de Planck ne concernait pas la lumière émise par un oscillateur mécanique (lumière toujours conçue comme une onde continue) mais la variation d'énergie de l'oscillateur. L'équation nous dit que, pour une fréquence fixée, c'est-à-dire pour un certain type de diapason, la variation de l'énergie mécanique de ce même diapason, lorsqu'il rayonne, ou lorsqu'il absorbe une onde, est une grandeur fixée.

J.-C. C. — Si je comprends bien, un oscillateur qui rayonne ne peut pas perdre, ou gagner, de l'énergie d'une manière continue.

T. D. — Nous y sommes. C'est cette continuité, en laquelle on croyait fermement depuis Newton, qui est mise en cause. Car l'oscillateur ne peut perdre, ou gagner, de l'énergie que par *quanta*.

J.-C. C. — D'où le nom de la théorie nouvelle.

T. D. — Par *quanta*, c'est-à-dire par unités indivisibles d'énergie. L'histoire retient que Planck a « quantifié » l'énergie des oscillateurs mécaniques, mais celle-là seulement.

J.-C. C. — Et non pas celle émise sous forme de lumière ?

T. D. — Non. Il a continué à supposer que l'énergie émise sous forme de lumière restait susceptible de variations continues.

J.-C. C. — C'est donc Einstein, une fois de plus, qui a tout bouleversé ?

T. D. — Exactement. La vraie révolution, que Planck lui-même (qui en était pourtant l'initiateur) eut beaucoup de mal à accepter, est contenue dans l'équation $E = hf$.

J.-C. C. — Einstein 1905, là encore. La même année que la relativité restreinte.

T. D. — Einstein, en 1905, étend la quantification à la lumière. Voilà le fait essentiel. Son équation consiste à dire qu'une onde de lumière de fréquence f (et sans doute faudrait-il désormais écrire « onde » entre guillemets), que cette onde doit être considérée comme étant elle-même « quantifiée ».

J.-C. C. — C'est-à-dire constituée de paquets d'énergie.

T. D. — Qu'on appelle *quanta*, mot qui vient évidemment de quantité. Idée réellement révolutionnaire, allant à l'encontre de tout ce que les scientifiques les plus illustres croyaient savoir. Idée qui introduit une brèche décisive dans la description classique de la réalité.

Qu'est-ce qui ondule ?

J.-C. C. — Il devient donc difficile de représenter une onde lumineuse ?

T. D. — Difficile même de parler de la lumière, de la définir. Si on veut parler de la *fréquence* de la lumière, il faut qu'elle soit une onde. Les notions d'onde et de fréquence sont étroitement associées. Mais comment la lumière peut-elle être une onde, si elle est faite de paquets d'énergie lumineuse, qu'Einstein appelle *photons* ?

J.-C. C. — Comment a-t-on pu sortir de cette contradiction ?

T. D. — En l'acceptant comme telle.

J.-C. C. — C'est-à-dire ?

T. D. — De nombreux physiciens s'attelèrent à la tâche et, en 1923, un approfondissement important fut obtenu par Louis de Broglie. Il eut l'idée de généraliser la relation entre des propriétés dites ondulatoires (celles dont nous avons parlé, la fréquence, la période, la longueur d'onde) et des propriétés mécaniques (l'énergie, l'impulsion).

J.-C. C. — Relation qu'Einstein avait établie entre la matière et la lumière. Par le photon.

T. D. — Oui, mais là seulement. Louis de Broglie postula hardiment qu'à toute particule de matière, traditionnellement conçue, depuis les Grecs, comme un point massif se déplaçant dans l'espace, devait être associée une *onde*.

J.-C. C. — Ainsi, des propriétés ondulatoires sont associées à toute particule. Quelle est la longueur d'onde associée à une particule donnée ?

T. D. — De Broglie postula une relation très générale avec la « quantité de mouvement » ou impulsion P d'une particule (définie, pour les particules non relativistes, comme le produit de la masse par la vitesse, $P = Mv$) et inscrivit au fronton de la nouvelle physique l'équation $P = h/\lambda$.

J.-C. C. — h est toujours la constante de Planck ?

T. D. — Et λ désigne la longueur d'onde. Dans l'équation dite de Planck-Einstein, $E = h/T$, T désigne la périodicité temporelle ($T = 1/f$). Dans l'équation dite de De Broglie, $P = h/\lambda$, λ désigne la périodicité spatiale.

J.-C. C. — Ainsi sont établies les bases de la mécanique quantique ?

T. D. — Pas encore. En fin de compte la théorie quantique associe, en effet, une onde, ou plutôt des propriétés ondulatoires à tout système possédant de l'énergie.

J.-C. C. — Et de l'impulsion.

T. D. — Mais ces travaux laissaient dans l'ombre une question cruciale : qu'est-ce qui ondule ? De Broglie avait espéré que l'onde, même associée à une particule, pourrait être considérée comme une onde véritable dans l'espace tridimensionnel habituel.

J.-C. C. — Il s'accrochait encore à une certaine simplicité.

T. D. — Des travaux ultérieurs, ceux de Werner Heisenberg en 1925 et d'Erwin Schrödinger en 1926, furent décisifs. Ils montrèrent que cette conception encore rassurante d'une mécanique ondulatoire dans l'espace usuel ne correspondait pas à la nouvelle réalité physique, suggérée par une théorie quantique plus complète.

J.-C. C. — Et plus complexe.

T. D. — Nécessairement. Cette théorie ne considère pas seulement « une particule », mais des systèmes physiques complexes, arbitraires.

J.-C. C. — Des assemblages de particules ?

T. D. — En interaction par échange de forces.

J.-C. C. — Quelle est donc la réponse à la question « qu'est-ce qui ondule ? ».

T. D. — Une réponse qui parut, et qui paraît encore très étrange, due à des travaux plus tardifs, en particulier à ceux de Max Born en 1926, de Richard Feynman en 1949 et surtout de Hugh Everett en 1957. Mais les racines historiques en remontent au XVIIe et au XVIIIe siècle, et notamment aux travaux de Fermat, Huyghens, Maupertuis et Lagrange.

J.-C. C. — Le Fermat du fameux théorème ?

T. D. — Lui-même. Il avait remarqué, en travaillant en optique géométrique, où la lumière était considérée comme faite de rayons, et non d'ondes, que le trajet de la lumière, à travers divers milieux, et après d'éventuelles réflexions sur divers miroirs, pouvait être défini comme le trajet qui *minimise* le temps de parcours de la lumière entre son point de départ et son point d'arrivée.

J.-C. C. — Autrement dit le trajet le plus bref.

T. D. — Nous pouvons nous épargner ici les calculs et les graphiques. Mais sachons que nous touchons peut-être au principe le plus profond de toute la physique classique, « le principe du moindre temps ».

J.-C. C. — En quelle année fut-il énoncé ?

T. D. — En 1662. Et il frappa considérablement les esprits. L'élégance avec laquelle il se présentait (« la nature agit toujours par les voies les plus courtes ») suggéra à Maupertuis, au siècle suivant, qu'il pourrait être généralisé à la dynamique. Il proposa un « principe de moindre action », disant que la trajectoire réelle d'un corps est celle qui minimise l'action totale.

J.-C. C. — Ce principe fut accepté ?

T. D. — Il fut même étendu, par Lagrange et par Hamilton, à tout système dynamique.

J.-C. C. — Tout mouvement minimisait l'action.

T. D. — Il s'agit d'un principe extrêmement général, valable pour tout système physique, aussi complexe soit-il[1].

---

1. L'action S est définie en « sommant », c'est-à-dire en intégrant, sur tous les intervalles infinitésimaux de temps dt la différence entre l'énergie cinétique totale du système et son énergie d'interaction (interne et externe).

J.-C. C. — Depuis un simple atome jusqu'à l'univers tout entier ?

T. D. — Depuis une unique particule de matière soumise à un champ de forces jusqu'à l'univers, en effet, que l'on voyait à la fin du XIXe siècle comme constitué d'un très grand nombre de particules en interaction avec des champs de forces.

J.-C. C. — Mais comment la nature, comment la matière sait-elle qu'elle doit choisir le mouvement qui va minimiser l'action ? Comment fait-elle pour flairer, pour tâter les possibles mouvements voisins et sélectionner en fin de compte le plus avantageux ?

T. D. — Ici, c'est la théorie quantique qui répond de la manière la plus profonde, selon la formulation de Feynman. Cette réponse n'est pas apparue *ex nihilo*. Elle s'inscrivait dans une ligne historique lancée par Huyghens, qui passa par les maîtres de l'optique ondulatoire que furent Young, Fresnel et Kirchhoff, et aussi par les intuitions fondatrices de Louis de Broglie.

J.-C. C. — Mais quel est le point essentiel qui distingue la réalité quantique de la réalité classique ?

T. D. — C'est le « principe de superposition ».

J.-C. C. — Expliquez-moi.

T. D. — Ce n'est pas simple, car c'est un principe qui va contre nos sens et nos habitudes de pensée. Mais si nous ne l'abordons pas, ou si nous ne faisons que l'effleurer, nous passons à côté de l'apport majeur de la mécanique quantique — qui a radicalement modifié notre rapport avec la réalité physique.

J.-C. C. — Même si peu de gens sont au courant.

T. D. — Même si on ne l'apprend pas encore dans nos écoles. La science n'est pas un rêve. Des faits sont là, précédés et suivis par des théories. Ces théories disent le monde. Le dire autrement serait mentir.

J.-C. C. — Ce ne sont donc pas les menteurs qui manquent.

T. D. — Ni les paresseux.

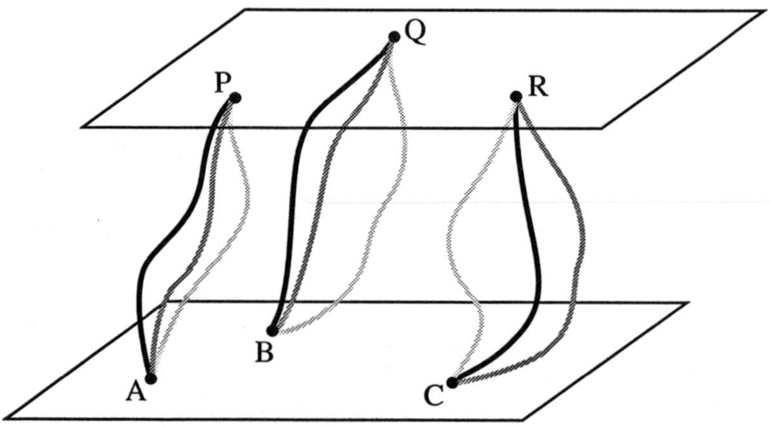

Surimpression d'histoires multiples.

4

DANS NOTRE FAISCEAU DE LUMIÈRE

Jean-Claude Carrière — À quoi tiennent cette paresse, que nous voyons partout, et cette prolifération du mensonge ?

Thibault Damour — Sans doute au fait que la réalité est plus complexe à saisir, aujourd'hui, que nous ne l'avions jamais pensé. Le choix de la simplification extrême est évidemment le plus facile.

J.-C. C. — La pensée humaine, comme la lumière, choisit elle aussi le chemin le plus court.

T. D. — Il faut dire que la surprise est de taille, et que le principe de superposition modifie de façon extraordinaire le concept de la réalité physique.

J.-C. C. — De quelle façon ?

T. D. — Imaginons que nous tirons au sort, avec une pièce de monnaie. Si nous jouons à pile ou face, la théorie classique suppose que le résultat de chaque coup est unique dans l'univers réel.

J.-C. C. — C'est soit pile, soit face.

T. D. — De même si nous jouons aux dés. Si je tire un six, ce n'est pas un cinq.

J.-C. C. — Mais ce résultat n'est pas acquis d'avance. Il est, en un sens, aléatoire.

T. D. — Comme le mot le dit. Le coup de dé est tellement sensible à une multitude de paramètres, que nous ne pouvons pas contrôler, comme la façon de lancer le dé, ou la pièce de monnaie, les légères fluctuations de l'air au moment où j'ouvre ma main, que chaque résultat individuel ne peut pas être prédit.

J.-C. C. — Nous pouvons estimer des probabilités, qui correspondent à une plus ou moins grande fréquence d'apparition d'un résultat particulier.

T. D. — Il faut pour cela une longue série de coups, et ce ne sera jamais qu'une estimation. « Un coup de dés jamais n'abolira le hasard. »

Pile et *face*

J.-C. C. — Que veut dire « principe de superposition » ?

T. D. — Il affirme, selon la théorie quantique, qu'un phénomène quelconque suffisamment sensible pour dépendre essentiellement de « fluctuations quantiques », ne peut pas être conçu comme « existant » dans un seul état.

J.-C. C. — Vous voulez dire : dans un seul état classique ?

T. D. — Quasi classique. Il ne peut pas être conçu comme seulement pile, ou seulement face. Il doit être conçu comme existant à la fois dans plusieurs états distincts.

J.-C. C. — Dans plusieurs états quasi classiques ?

T. D. — Il est *à la fois* pile et face.

J.-C. C. — J'ai déjà entendu, à propos de la mécanique quantique, des phrases de ce genre, qui paraissent un jeu de l'esprit, destiné à heurter le sens commun. J'aimerais essayer d'aller un peu plus loin, au risque de me retrouver plus égaré encore.

T. D. — Vous ne serez pas le seul. Les scientifiques ont aussi un sens commun, qui est, dans ce domaine, heurté par l'expérience. Il est même chamboulé, hagard. Un des exemples les plus célèbres de cet égarement, ou si l'on veut de cette incertitude, a été suggéré par Schrödinger.

J.-C. C. — C'est le célèbre chat ?

T. D. — Lui-même. Il est enfermé dans une boîte. Nous ne le voyons pas. Un poison violent peut être diffusé dans cette boîte, par un phénomène aléatoire d'origine purement quantique (par exemple un phénomène radioactif individuel), et tuer le chat. Celui-ci, après un temps égal à la demi-vie radioactive, sera à la fois vivant et mort.

J.-C. C. — Cela paraît violer le principe de base de la logique, le principe de contradiction.

T. D. — Dans la physique classique, ces états — vivant ou mort — sont évidemment distincts. Toute notre expérience du monde, toute notre vie, tout notre comportement dépendent de cette distinction.

J.-C. C. — On ne se conduit pas de la même manière mort ou vivant.

T. D. — Et c'est vrai pour nous comme pour un chat.

J.-C. C. — Le paradoxe du chat remplace donc le calcul des probabilités, qui était un classique.

T. D. — La théorie quantique « superpose » deux états différents (le chat vivant et le chat mort). Mais cette superposition est telle que nous ne voyons que la réalité avec laquelle il nous est possible d'interagir.

Le moineau et le chat

J.-C. C. — J'ai toujours eu un peu de mal avec le chat de Schrödinger. S'agit-il d'un véritable animal ? Est-il symbolique ? Faut-il le considérer comme une simple particule ? Peut-être allez-vous pouvoir me répondre. Ce chat m'a toujours rappelé le moineau d'Ésope. Une ancienne histoire grecque, qu'on retrouve un peu partout.

T. D. — Dites-moi.

J.-C. C. — Ésope se rend à Delphes et demande à être mis en présence de l'oracle. Il tient dans sa main un moineau, dissimulé sous son manteau, et il veut prouver l'incompétence de l'oracle. Il lui demande : « Est-ce que le moineau que je tiens dans ma main est mort ou vivant ? » Si l'oracle répond « mort », Ésope lui présentera l'oiseau vivant.

T. D. — Et s'il répond « vivant », Ésope l'étouffera secrètement dans sa main et le lui présentera mort.

J.-C. C. — Exactement. L'oracle se trompera dans les deux cas.

T. D. — Que répond-il à la question d'Ésope ?

J.-C. C. — Il lui dit — et c'est Apollon lui-même qui répond — qu'il n'entre pas dans son jeu. « Il dépend de toi que ce que tu tiens soit vivant ou mort », dit le dieu. Il s'en tire par une esquive. Ou, si l'on veut, par une pirouette.

T. D. — Pour décrire des états superposés — à la fois vivant et mort — sans violer le principe de non-contradiction, la théorie quantique introduit un nouvel élément, une quantité que nous appellerons l'*amplitude d'existence* dans une certaine configuration classique.

J.-C. C. — Cette quantité se définit-elle par un nombre réel ?

T. D. — Non. Il s'agit d'un nombre complexe.

J.-C. C. — Peut-on, sans pénétrer trop avant dans l'univers mathématique, essayer d'avoir une représentation intuitive d'un nombre complexe ?

T. D. — Oui, nous pouvons essayer. Prenons un cercle.

J.-C. C. — C'est fait.

Un « cercle de couleurs »

T. D. — Colorons le cercle en changeant continuellement la nuance de la couleur le long du cercle. Graphiquement, cette représentation est facile à réaliser, car l'ensemble des nuances de couleur constitue un « espace » à deux dimensions alors que nous n'avons besoin que d'une seule dimension pour « colorer » le cercle.

J.-C. C. — Pouvez-vous préciser ?

T. D. — Par exemple, nous colorons un point du cercle en rouge vif, puis nous tournons sur le cercle en faisant continuellement virer la couleur vers le rouge brique, l'orangé, le jaune, le vert, le bleu, le violet, le pourpre, pour revenir enfin, après avoir parcouru tout le cercle, au rouge vif du départ.

J.-C. C. — Je vois.

T. D. — Chaque nuance de couleur peut servir à représenter l'angle de position sur le cercle. Un nombre complexe est mathématiquement défini par la donnée d'une « longueur » et d'un « angle ». On peut donc représenter un nombre complexe par une couleur, plus ou moins lumineuse. L'intensité lumineuse de cette couleur représente la « longueur » (ou le « module ») du nombre complexe, alors que la nuance de cette même couleur en représente l'« angle » (ou l'« argument »).

J.-C. C. — Je n'y comprends rien, mais je vous crois.

T. D. — Nous traversons un passage difficile, car il suppose en effet une certaine pratique des mathématiques. Un *nombre complexe* est souvent représenté par un vecteur dans un plan à deux dimensions, c'est-à-dire par une flèche ayant une certaine longueur, et faisant un certain angle avec l'horizontale. Comme l'angle de cette flèche peut être représenté par une nuance de couleur, et comme la luminosité d'une couleur peut aussi varier de façon continue, l'ensemble des couleurs plus ou moins lumineuses dépend de deux paramètres continus. Et il est équivalent à l'ensemble des nombres complexes.

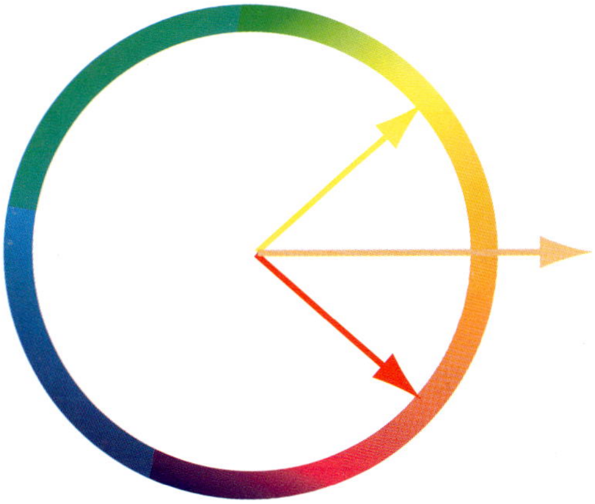

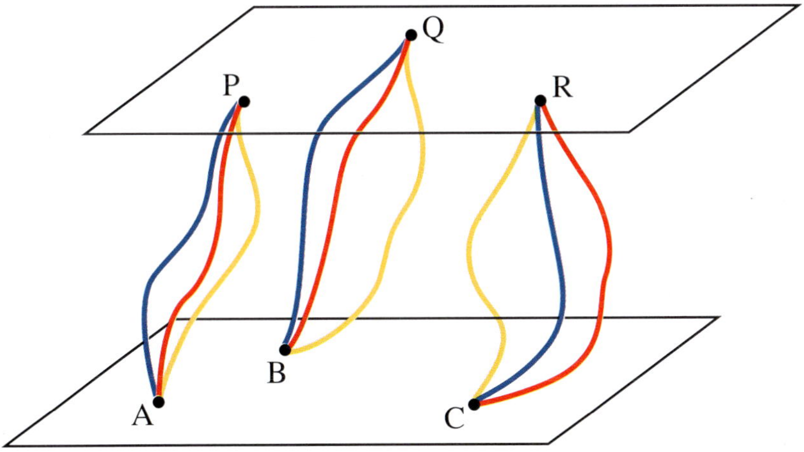

Cercle des « couleurs », correspondance avec l'addition des nombres complexes (représentés par des flèches), et surimpression d'histoires multiples.

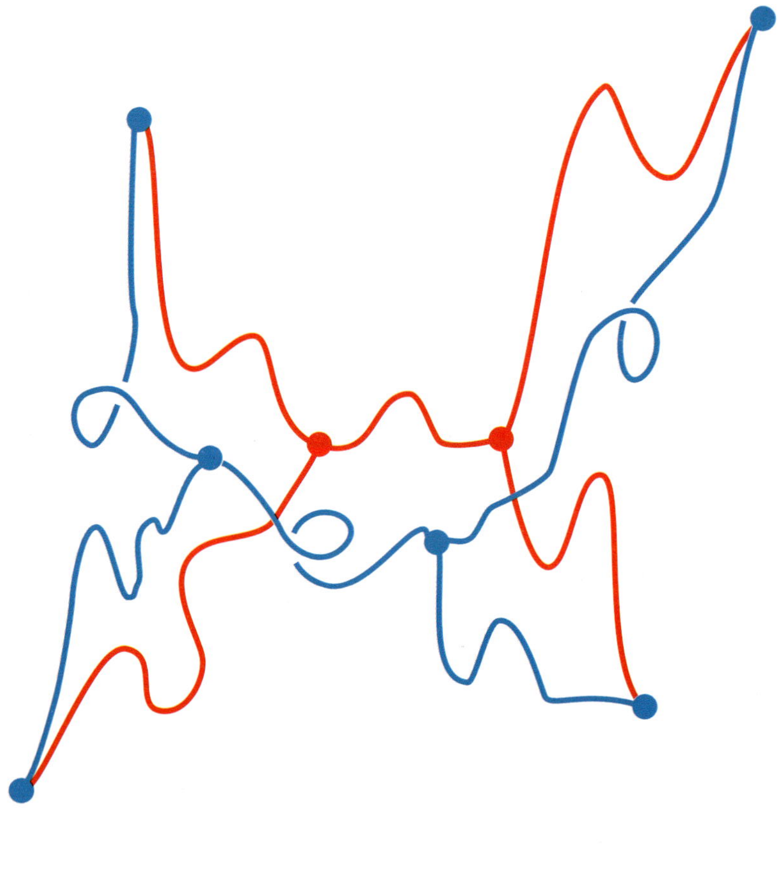

Bifurcations et loopings quantiques.

J.-C. C. — Je suis toujours dans mon acte de foi. Mon ignorance m'y maintient.

T. D. — La représentation d'un nombre complexe par une nuance de couleur plus ou moins lumineuse est cependant destinée à permettre à un homme de cinéma, comme vous, d'appréhender *intuitivement* le principe de superposition de la théorie quantique. La conclusion approche. Ce que nous appelons l'*amplitude d'existence* de tout état physique, par exemple l'état d'une pièce de monnaie après qu'on l'a lancée, est mesurée par un nombre complexe. Ce nombre est représenté par telle nuance de couleur et telle luminosité, par exemple un rouge vif de luminosité 1, ou un bleu de luminosité 2.

J.-C. C. — Quelle est donc la différence radicale avec la théorie classique ?

T. D. — Non seulement avec la théorie classique, newtonienne, mais aussi avec la théorie de la relativité d'Einstein, qui relève en effet du monde « pré-quantique ». Revenons à notre pile ou face. Nous lançons une pièce. Dans les théories précédentes — Newton et Einstein réunis — nous obtenons pile *ou* face. Un seul des deux côtés.

J.-C. C. — Et dans la théorie quantique ?

T. D. — Dans la théorie quantique, nous obtenons à la fois pile (P) *et* face (F). Mais P et F « existent » chacune avec une « amplitude » représentée par une certaine couleur et une certaine luminosité. Le principe de superposition quantique permet (et en général exige) que le « résultat » du lancer de pièce « soit » P (rouge de luminosité 1), *et* F (bleu de luminosité 2).

Surimpression quantique et effet cocktail

J.-C. C. — Voulez-vous dire que, lorsque nous obtenons P, la face de la pièce, le F existe également ?

T. D. — Oui, mais dans une autre « couleur ». Pour faire comprendre la notion de superposition entre P rouge *et* F bleu (indiquée par un *et* en italique), je vous propose une autre image, qui doit vous être familière, celle de la *surimpression* cinématographique, qui nous conduit au plus près, sans doute, de cette réalité physique nouvelle. Quand nous lançons la pièce de monnaie, le côté pile et le côté face ont chacun 50 % de possibilités de « sortir ».

J.-C. C. — Et si le côté pile sort, le côté face sort en même temps ?

T. D. — Oui. Disons, pour aider l'imagination, qu'il sort dans une autre couleur, comme nous l'évoquions à l'instant.

J.-C. C. — Mais où ? Comment ? Qui voit le côté rouge ? Si la pièce tombe du côté pile, tous les êtres humains du monde, quel que soit leur degré d'éducation, quelle que soit leur culture, verront le côté pile. Qui verra le côté face ?

T. D. — En effet, tous les êtres humains avec qui nous entrons en communication, tous les êtres humains qui verront la pièce, verront sortir le côté pile.

J.-C. C. — Parce qu'ils sont dans le même film ?

T. D. — Ils sont dans la même « couche d'impression » d'un film effroyablement complexe, fait de la surimpression d'un nombre incalculable de scènes différentes, chacune « écrite et tournée » avec une couleur et une luminosité différentes.

J.-C. C. — Mais pareil film serait proprement invisible ! Pour tout spectateur ! Il n'offrirait qu'un brouillamini d'images. Et pourtant, nous voyons distinctement la « réalité » autour de nous. Cette réalité est bien décrite, à chaque instant, par une configuration quasi classique. Comment expliquez-vous que ce brouillamini d'images, de sons et aussi de sensations, nous apparaisse comme un film aux images nettes et à l'histoire cohérente ?

T. D. — Pour rendre compte de cette contradiction, qui en apparence est insurmontable, entre une réalité quantique faite de la surimpression d'un nombre incalculable d'histoires différentes et contradictoires, et cette « réalité de tous les jours », qui nous semble bien décrite par la physique classique, selon le principe qui présente cette réalité comme unique, il nous faut des développements mathématiques complexes.

J.-C. C. — Je le craignais.

T. D. — Ces développements reposent sur le fait que nous sommes, nous observateurs, des sous-systèmes complexes de la réalité, en interaction permanente avec les sous-systèmes que nous observons.

J.-C. C. — Quels sont ces sous-systèmes ?

T. D. — Ce point est crucial. Dans la discussion — très simplifiée — que nous avons eue au sujet du Pile ou Face, lorsque nous parlions d'un résultat du lancer de pièce décrit par un P rouge, ce « résultat » concernait non seulement l'état de la pièce de monnaie elle-même, mais l'état de tous les systèmes physiques qui sont en interaction avec la pièce lancée, la pièce elle-même, l'air autour d'elle, la lumière qu'elle reçoit ou émet, l'observateur qui la regarde, lui-même décrit dans toute sa complexité, etc. C'est à toute cette configuration de sous-systèmes en interaction qu'est associée une « amplitude d'existence » du type : « rouge, et luminosité 1 ».

J.-C. C. — Je ne vois pas bien en quoi cette complexité croissante, cette complexification de la description du résultat du lancer de la pièce, peut effacer la contradiction entre le brouillamini quantique et la réalité que vous appelez quasi classique.

T. D. — Il existe peut-être un moyen de faire comprendre comment l'étude mathématique de l'évolution des amplitudes d'existence de sous-systèmes complexes en interaction...

J.-C. C. — Cela signifie-t-il « l'étude de la réalité quantique » ?

T. D. — Si vous voulez. Mais chaque mot est important, vous pouvez sans doute le comprendre. Comment donc cette étude mathématique peut-elle donner l'« illusion » à ces sous-systèmes complexes de « voir » une réalité quasi classique, simple et cohérente ?

J.-C. C. — Oui, comment ?

T. D. — C'est ce qu'on peut appeler l'« effet cocktail ».

J.-C. C. — C'est-à-dire ?

T. D. — Dans un cocktail très animé, où tout le monde parle en même temps, deux invités, au milieu de la foule qui se presse, peuvent cependant tenir une conversation claire et précise.

J.-C. C. — D'une certaine manière, ils éliminent les autres bruits.

T. D. — Ils ne les entendent pas, ou les entendent avec une intensité très amoindrie.

J.-C. C. — Pourtant les autres conversations ont la même intensité que la leur.

T. D. — Exactement. Deux sous-systèmes en interaction, en l'occurrence les deux invités qui parlent ensemble, peuvent avoir l'impression que seule leur conversation existe, alors qu'un observateur extérieur les verrait et les entendrait au beau milieu d'un brouhaha incohérent de paroles aléatoires. Pour eux, à la limite (s'ils sont très concentrés sur les paroles qu'ils échangent), seule leur conversation « existe ». Un correspondant mathématique de cet « effet cocktail » existe en théorie quantique. Il suffit à expliquer pourquoi nous « voyons » un chat de Schrödinger mort, ou un chat vivant, sans jamais voir la surimpression quantique de ces deux états.

Toutes les actions possibles

J.-C. C. — Êtes-vous sûr que nous ne sommes pas en train de déraper sérieusement ?

T. D. — Par rapport au sens commun, bien sûr. Par rapport à la représentation scientifique du réel, en aucune manière.

J.-C. C. — Cela me rappelle, je ne sais pas au juste pourquoi, le vieux mystère de la liberté humaine, à l'intérieur du catholicisme surtout. Dieu sait tout à l'avance, depuis l'origine des temps, il sait exactement, lorsque nous nous trouvons placés devant un choix, quelle action nous allons commettre (la bonne ou la mauvaise), et pourtant jusqu'au dernier instant nous sommes entièrement libres de notre choix. En fait, si je vous suis bien, nous commettons les deux actions, la bonne et la mauvaise. Dieu choisit donc de nous punir, ou de nous récompenser, en fonction de notre « amplitude d'existence ».

T. D. — Pour utiliser une autre image, on peut dire que l'évolution des configurations physiques naturelles, et en particulier les actions possibles de systèmes complexes comme les hommes, se décomposent en plusieurs branches. Toutes les évolutions sont là en même temps, elles « existent » toutes. Et chacune de ces évolutions, de ces histoires, possède ce que nous avons appelé — faute de mieux — une amplitude d'existence.

J.-C. C. — De telle ou telle couleur, et de telle ou telle luminosité.

T. D. — Oui.

J.-C. C. — De telle sorte que, lorsqu'un Thibault Damour de couleur verte dit cela, un Thibault Damour de couleur jaune, et de luminosité généralement différente, dit le contraire.

T. D. — En fait, la plupart des histoires, c'est-à-dire des « films », représentant une évolution possible d'un système complexe, diffèrent les unes des autres par des détails insignifiants. Donc, il est plus probable qu'un

Thibault Damour de couleur jaune, et de luminosité pratiquement égale, dise à peu près exactement — mais pas tout à fait — la même chose.

J.-C. C. — Seule la nuance d'une intonation sera différente ?

T. D. — Ou le clignement d'un cil, qui se passera une fraction de seconde plus tôt, ou plus tard.

J.-C. C. — Il faut tout de même quelque temps pour admettre une chose pareille. C'est incroyable.

T. D. — La physique moderne nous a montré que la réalité est incroyablement subtile et complexe.

J.-C. C. — C'est pourquoi sans doute les croyances ne peuvent jamais en rendre compte. Les croyances sont à sens unique. Elles excluent d'autres croyances.

T. D. — La connaissance scientifique, depuis l'origine, a toujours dû faire face au sens commun, qui « voit » que le Soleil tourne autour de la Terre. Partant de notre sentiment glorieux d'être au centre du monde, d'être la merveille de la création, nous sommes allés de désillusion en désillusion, et cela par la force irrécusable de l'évidence.

J.-C. C. — Freud disait qu'il était le troisième grand humiliateur.

T. D. — En quel sens ?

J.-C. C. — Copernic, le premier, avait enlevé la Terre du centre de l'univers. Darwin, trois siècles plus tard, nous montrait que nous ne sommes pas foncièrement différents des animaux, que nous partageons la même origine et suivons une évolution du même type. Et

Freud, enfin, vient nous annoncer que nous ne sommes même pas maîtres dans notre propre maison !

T. D. — Et voici maintenant Heisenberg, Schrödinger, Born et d'autres, qui disent que nos rapports avec la réalité physique s'exercent à travers des « amplitudes d'existence »…

J.-C. C. — … que nous faisons ceci *et* cela, que notre perception du monde et jusqu'à notre pensée, chère à Descartes, jusqu'à notre sentiment d'exister, ne sont qu'une couche d'impressions au milieu d'un film infiniment surimpressionné. C'est tout de même dur à avaler. Comment voulez-vous qu'on enseigne cela à des élèves de Terminale ?

T. D. — Les manuels des années 1980 avaient commencé à le faire, mais malheureusement les ouvrages scolaires les plus récents, en France, font une impasse totale sur la théorie quantique.

Dans un étroit tunnel

J.-C. C. — Revenons à cette théorie. Elle donne donc une règle pour déterminer ces amplitudes d'existence ?

T. D. — Oui, pour tout résultat d'expérience. Et c'est une théorie très précise.

J.-C. C. — Je n'ai pas oublié la loi de Fermat, selon laquelle, dans la physique classique, la lumière minimise le temps de parcours, et le principe général de moindre action. La théorie quantique apporte-t-elle une réponse à ce mystère ? Que dit-elle d'une nature qui saurait flairer les autres possibilités pour choisir l'évolution « optimale » ?

T. D. — Transportons-nous dans l'infiniment petit. Considérons un système physique constitué de particules en interaction, et rappelons que le mouvement d'une particule — dans l'espace, au cours du temps — peut se représenter par une ligne dans l'espace-temps.

J.-C. C. — Représentation arbitraire.

T. D. — Toutes les représentations le sont. Prenons le mouvement particulier d'un système de plusieurs particules, par exemple les électrons par rapport au noyau d'un atome, ou les planètes par rapport au Soleil. Dans la théorie classique, et cela jusqu'au début du XXe siècle — où le doute commença à s'installer —, on déterminait le mouvement en donnant à la fois les positions de départ, figurées par des points dans l'espace, et les positions finales.

J.-C. C. — Il n'existait donc qu'un seul mouvement.

T. D. — Oui, en général. Un mouvement observé, effectivement réalisé dans la nature, et passant de la configuration initiale à la configuration finale. L'évolution du système, à condition de connaître les forces d'interaction, était uniquement déterminée par les données des deux configurations extrêmes.

J.-C. C. — Et cette évolution classique, qui est unique, est celle qui minimise l'action du système ?

T. D. — Oui, pour des configurations fixées au départ et à l'arrivée, et pour un temps de départ et un temps d'arrivée fixés[1].

---

1. Rappelons que l'action S est l'intégrale sur le temps de la différence entre l'énergie cinétique du système et son énergie d'interaction.

J.-C. C. — Que nous dit la théorie quantique, en fin de compte ?

T. D. — Elle nous dit d'abord que, si la configuration d'un système est complètement fixée à un certain instant, si nous disons par exemple que trois particules sont fixées en trois points donnés de l'espace, alors la configuration de ce système, à tout autre instant, n'est pas classiquement déterminée. Elle est une *superposition* de toutes les configurations possibles.

J.-C. C. — C'est ce qu'on appelle, depuis Heisenberg, le principe d'incertitude ?

T. D. — Il est inclus dans cette assertion.

J.-C. C. — Le fait qu'on ne puisse pas connaître à la fois la vitesse et la position d'une particule ?

T. D. — C'est ainsi que le formulait Heisenberg. Mais une formulation plus profonde a été offerte par Feynman. Elle consiste à se demander quel est le chemin, quelle est l'« histoire » d'une configuration de particules dans l'espace-temps.

J.-C. C. — Eh bien ?

T. D. — La deuxième chose que nous dit la théorie quantique est que l'amplitude d'existence, à l'instant final t, des trois particules aux trois points d'espace P, Q, R, sachant que les trois particules se trouvaient aux points A, B, C, à l'instant initial t = 0, que cette amplitude s'obtient en « mélangeant les couleurs de toutes les histoires » de trois particules qui passent de la configuration initiale A, B, C, à la configuration finale P, Q, R, et cela pendant le temps t.

J.-C. C. — Cette définition de la théorie quantique, pourriez-vous me la rendre plus claire ? Qu'entendez-vous par « la couleur d'une histoire » ?

T. D. — Comme dans notre discussion du jeu de Pile ou Face, mais maintenant avec beaucoup plus de possibilités de résultats (car chaque histoire est un résultat possible), j'appelle « couleur » d'une histoire particulière le nombre complexe, représenté par une longueur et un angle, c'est-à-dire une luminosité et une nuance de couleur, donnant l'amplitude d'existence de cette histoire.

J.-C. C. — Mais qu'est-ce qui détermine cette couleur ?

T. D. — Le postulat fondamental qui résume toute la théorie quantique, et qui contient comme cas particuliers les équations de Planck ($\Delta E = hf$) et d'Einstein ($E = hf$), est que la luminosité de chaque histoire est la même, mais que l'angle qui repère sa nuance sur le cercle des couleurs est égal à S/h'.

J.-C. C. — Ce qui se traduit comment ?

T. D. — S est l'*action* de cette histoire, et h' désigne la constante de Planck divisée par 2 π (où $\pi = 3{,}14159\ldots$ est la demi-circonférence d'un cercle de rayon-unité).

J.-C. C. — Si je comprends bien, plus l'action est importante, plus je dois tourner sur le cercle des couleurs pour trouver la couleur de cette action.

T. D. — Voilà. En sachant que les couleurs sont en changement continuel, et qu'un petit détail change tout.

J.-C. C. — N'est-ce pas un peu comme ces roues de loterie de foire, qu'on lance et qui tournent longtemps avant de s'arrêter sur une couleur particulière, laquelle représente un cadeau pour l'amateur gagnant ?

T. D. — Tout à fait. Et rappelez-vous : nous avons dit que la constante de Planck, en unités usuelles (centimètre, gramme, seconde) est extrêmement faible...

J.-C. C. — Oui, je me rappelle : 26 zéros après la virgule !

T. D. — ... ainsi, une infime variation de l'action S correspond à une gigantesque variation de l'angle, c'est-à-dire à un très grand nombre de tours de la roue de la loterie, en plus ou en moins, avant qu'elle trouve enfin la « bonne couleur ».

Mélange des « couleurs »

J.-C. C. — Il me semble que j'entrevois comment une couleur particulière est ainsi associée à chaque histoire particulière, mais que faut-il comprendre par le « mélange » de toutes ces couleurs ? Cela peut-il s'entendre comme pour la peinture ?

T. D. — Oui, surtout si l'on pense aux techniques utilisées par les peintres impressionnistes. Ou comme pour la juxtaposition, le chevauchement de deux faisceaux lumineux colorés, où le mélange d'un rouge et d'un jaune de même luminosité donne un orangé d'une luminosité plus forte que celle de chaque faisceau initial.

J.-C. C. — Et s'ils n'ont pas la même luminosité ?

T. D. — L'orangé tirera plus ou moins vers le rouge, ou plus ou moins vers le jaune. Opération qui correspond précisément à une opération mathématique, la somme de deux nombres complexes.

J.-C. C. — C'est-à-dire de deux flèches dirigées vers deux points du cercle ?

T. D. — Et la luminosité de la couleur obtenue par mélange est déterminée par la longueur de la flèche qui figure la somme. Par exemple, si nous mélangeons des couleurs qui s'opposent sur le cercle, qui se font face, leur point de rencontre se situera au centre du cercle, et la luminosité sera nulle.

J.-C. C. — J'essaye de m'accrocher. Disons qu'une configuration initiale, telle ou telle disposition de particules autour d'un noyau d'atome, se développe dans toutes les configurations possibles.

T. D. — Ajoutons que chaque histoire d'un changement possible de configuration a une certaine « couleur ». Cette couleur est obtenue par la « roue de la fortune », que vous avez évoquée, laquelle — peut-on dire — est lancée avec une impulsion proportionnelle à l'action de cette histoire.

J.-C. C. — Une histoire est un passage d'un état à un autre. Une action y est associée.

T. D. — C'est-à-dire un nombre, associé à un angle.

J.-C. C. — Il est étrange de penser qu'à toute histoire est associé un élément mathématique. Serait-ce la même chose pour un scénario, pour un roman ? Et si maintenant nous considérons le passage, en un intervalle de temps déterminé, d'une configuration initiale fixée à une configuration finale fixée, la « couleur » associée à ce passage est obtenue, comme vous dites, en « mélangeant » les couleurs de tous les chemins d'espace-temps possibles.

T. D. — Qui joignent la configuration de départ à celle d'arrivée. Cette couleur obtenue par mélange[1] comprend une luminosité et une nuance. Elle représente, disons-le encore, le nombre complexe qui mesure l'amplitude du changement global de configuration, du départ à l'arrivée.

J.-C. C. — Si nous nous posons cette question : quelle a été l'évolution dans l'espace-temps, c'est-à-dire l'histoire détaillée de l'évolution d'une configuration donnée, nous ne pouvons donc pas donner de réponse précise ?

T. D. — Cette réponse est en effet extrêmement floue. On pourrait dire que toutes les histoires ont été « réalisées ensemble », mais chacune d'elles avec une amplitude d'existence particulière. Et seule la couleur, c'est-à-dire l'angle sur le cercle, permet de distinguer les amplitudes d'existence des diverses histoires possibles.

J.-C. C. — Histoires qui ont toutes la même luminosité ?

T. D. — Oui. L'histoire que nous appellerions totale est une superposition quantique d'histoires de même luminosité, ou intensité.

J.-C. C. — Et de différentes couleurs.

T. D. — Il faut cependant rappeler que, comme h, la constante de Planck, est extrêmement petite, la couleur de chaque histoire, à chaque changement, varie à très grande vitesse. Un changement presque imperceptible dans l'histoire des trois particules fait « tourner » très rapidement, sur le cercle, la couleur qui lui correspond. Ceci semblerait vouloir dire que la surimpression

1. Qui correspond mathématiquement à la somme de tous les nombres complexes associés à toutes les histoires intermédiaires possibles.

quantique de toutes les histoires est un brouillamini chaotique de couleurs qui ne peut conduire à aucune prédiction précise. En fait, c'est juste le contraire. On va voir que cette propriété nous conduit à pouvoir prédire des réponses moins floues à certaines questions.

Par un après-midi d'été

J.-C. C. — Cette image des couleurs a-t-elle un rapport avec les travaux anciens, en optique, de Fresnel et de Kirchhoff ?

T. D. — Il y a effectivement un rapport d'analogie. Considérons, diraient-ils, une source de lumière en un point A, puis un écran percé d'un trou autour d'un point B. Quelle sera l'amplitude de la lumière reçue sur un deuxième écran, au point C ?

J.-C. C. — Ces points A, B et C sont-ils situés dans un espace-temps ?

T. D. — Pour que l'analogie soit complète, il faudrait en effet considérer des points d'espace-temps, mais, pour simplifier, faisons abstraction du temps et pensons à des points dans l'espace, et à la lumière émise, ou reçue, en ces points-là.

J.-C. C. — Alors, la réponse ?

T. D. — Elle nous est familière.

J.-C. C. — Pour une fois.

T. D. — Par une journée d'été ensoleillée, nous sommes dans une pièce fermée, aux volets clos. Nous nous reposons. C'est la fin de l'après-midi. De petites ouvertures sont pratiquées dans les volets. Nous voyons des rayons de lumière entrer dans la pièce et la traverser. Le point A, source de lumière, est le Soleil. Le point B est le centre d'un trou, dans le volet. L'amplitude de la lumière, dans la pièce, est nulle partout sauf au voisinage d'un mince pinceau de lumière.

J.-C. C. — Ce résultat peut être expliqué dans le cadre de la théorie ondulatoire de la lumière.

T. D. — Et il se trouve, justement, que la théorie ondulatoire de la lumière est extrêmement analogue à la théorie quantique, en ce sens que le calcul de l'amplitude totale de la lumière se fait en ajoutant des contributions venant de tous les chemins possibles qu'elle peut prendre. Chaque contribution est équivalente à un vecteur tournant sur un cercle. Si nous faisons la somme de tous ces vecteurs, en général ils se détruisent l'un l'autre. Et la somme est égale à zéro.

J.-C. C. — Pourtant, dans la pénombre de l'été, nous voyons des rayons de lumière. Où tournent doucement des grains de poussière.

T. D. — Pour une bonne raison : les trajets de lumière qui correspondent à des trajets droits font exception. Ainsi, plus généralement — dans le cas d'une propagation de lumière entre divers milieux, et avec des miroirs — nous parvenons à l'explication profonde du principe de moindre temps de Fermat. Seuls les trajets voisins du moindre temps donnent lieu à une somme d'amplitudes qui ne se détruisent pas elles-mêmes.

J.-C. C. — Partout ailleurs il y a aussi de la lumière ? L'ombre est-elle pleine de lumière ?

T. D. — Virtuellement, oui, mais de lumière autodétruite, sauf au voisinage du rayon de lumière. Et si nous regardons en détail, l'amplitude de la lumière, au-delà d'un petit trou pratiqué dans un volet, ou dans un écran, est aussi « non nulle » « dans l'ombre ». Si je la représentais par une couleur, elle correspondrait à des spirales de couleurs concentriques, de luminosité décroissante quand on s'éloigne du rayon.

J.-C. C. — Et si on réduit la taille du trou ? Si on pince le rayon ?

T. D. — Au début, cela amincit le rayon. Mais si nous pinçons trop fort le rayon sortant du trou va se mettre à grandir.

J.-C. C. — Pourquoi ?

T. D. — Parce que, le trou étant plus petit, il y a moins de chemins possibles pour la lumière. Quand on fait la somme des « couleurs » associées à ces chemins, il y a moins de termes dans cette somme, et, du coup, la destruction entre les termes de cette somme est de moins en moins efficace. On voit alors apparaître de la lumière de plus en plus loin du rayon qui passe par le centre du trou.

Le monde, multitude de rayons de lumière

J.-C. C. — Je suis de nouveau un peu perdu. D'un côté vous me dites que la théorie quantique associe des « couleurs » à une infinité d'histoircs possibles…

T. D. — … et que la réalité doit être pensée comme la surimpression de toutes ces histoires, chaque couche d'impression ayant sa propre « couleur » et sa propre luminosité.

J.-C. C. — D'un autre côté, vous m'expliquez comment la théorie ondulatoire classique de la lumière rend compte de la formation, au-delà d'un trou dans un écran, d'un rayon lumineux, entouré d'une ombre…

T. D. — … où la lumière s'est autodétruite en s'additionnant.

J.-C. C. — Quel est le lien entre ces deux phénomènes ?

T. D. — La leçon essentielle que je voudrais retirer de l'image du rayon lumineux est celle-ci : si le trou dans l'écran est assez grand, la lumière dans le rayon reste la même, quelle que soit la taille du trou. Elle est fortement modifiée s'il s'agit de trous très petits. Mais, dès qu'il s'agit de trous beaucoup plus grands que la longueur d'onde de la lumière, l'amplitude, en tout point de l'espace éclairé par le trou, est essentiellement la même que si le trou était agrandi à l'infini.

J.-C. C. — Que si on enlevait complètement l'écran ?

T. D. — Oui.

J.-C. C. — Vous voulez dire que le trou dans l'écran était une façon de visualiser un rayon de lumière, de le séparer du reste de la lumière, mais que nous pouvons penser la lumière du Soleil, en l'absence d'écran, comme constituée d'un ensemble de rayons lumineux, côte à côte, qui se propagent, pour ainsi dire, indépendamment les uns des autres ?

T. D. — Exactement. Et comme la théorie quantique décrit la réalité par une amplitude d'existence pour chaque configuration possible d'un système physique, amplitude qui « ondule » très rapidement quand la configuration change, de même que l'amplitude de la lumière change très rapidement dans l'espace, on peut considérer que cette onde quantique d'existence est analogue à la lumière totale qui provient du Soleil.

J.-C. C. — Elle peut, comme la lumière du Soleil, être considérée comme faite d'un ensemble de « rayons » ?

T. D. — Qui se propagent indépendamment les uns des autres.

J.-C. C. — Par conséquent, la raison pour laquelle nous ne voyons pas l'inextricable brouillamini de toutes les ondes quantiques surimposées est que nous appartenons à un seul « rayon » qui, pratiquement, n'interagit pas avec les autres.

T. D. — Tout à fait. Quand on considère des objets physiques complexes comme vous et moi, et qu'on n'essaye pas de « pincer » trop fortement un rayon d'onde quantique, c'est-à-dire de mesurer trop précisément par quelle configuration « passe le rayon », nous pouvons négliger ses interactions, ses interférences, avec les rayons voisins.

J.-C. C. — Même si elle est très surprenante, je trouve une vraie beauté dans cette idée : notre réalité quotidienne n'est qu'un rayon lumineux qui se propage au sein d'une lumière ambiante, à laquelle nous restons aveugles, puisque chaque rayon ne voit que lui-même. J'aimerais me familiariser avec cette image — une multitude de mondes dans le nôtre — et, si possible, l'approfondir.

Un autre corps à ma place

T. D. — Pour ce faire, prenons une autre analogie. Imaginons un espace dans lequel nous plaçons plusieurs types de particules. Disons des particules d'un type I, et d'autres d'un type II. Supposons, entre ces particules, l'existence d'interactions.

J.-C. C. — Lesquelles ?

T. D. — Aux forces de la physique classique, gravitation et électromagnétisme, le XXe siècle a ajouté deux forces nouvelles, qu'on appelle la force nucléaire forte et la force nucléaire faible. Mettons de côté la gravitation. Supposons donc que des interactions électromagnétiques, nucléaires fortes et nucléaires faibles, s'exercent entre les particules de type I. Mais supposons aussi que ces forces n'accouplent d'aucune façon les particules de type I avec celles de type II.

J.-C. C. — Mais les particules de type II peuvent interagir entre elles ?

T. D. — Supposons-le, et seulement entre elles. Et cela sous l'effet d'interactions semblables à celles qui s'exercent entre les particules de type I.

J.-C. C. — Exactement semblables ?

T. D. — Par exemple : on pourrait aussi prendre le cas où les forces s'exerçant entre les particules de type II sont différentes de celles que l'on connaît. Cela ne changerait pas le point essentiel que j'essaye d'expliquer par cette nouvelle analogie.

J.-C. C. — Supposons donc, pour simplifier, que les particules de type II interagissent entre elles comme les particules que l'on connaît.

T. D. — Dans ce cas-là, nous pouvons dire que chaque type de particules et d'interactions définit un « monde », et dans ce monde peuvent se fabriquer des objets et jusqu'à des machines pensantes, comme des hommes. Et si nous mettons ces deux types de particules dans le même espace, particules qui interagissent uniquement « dans leur propre famille », nous avons deux mondes superposés : le monde I et le monde II.

J.-C. C. — Qui s'ignorent.

T. D. — Totalement. Pour chaque monde, l'autre monde est strictement invisible, et même intouchable, inatteignable. Inimaginable. Ainsi, à l'endroit même où mon corps existe en ce moment, assis sur une chaise, en train de vous parler, il pourrait exister un autre corps, superposé au mien dans l'espace, ou le traversant. Nous n'en aurions, ni lui ni moi, aucune conscience.

J.-C. C. — Et moi non plus, j'imagine ?

T. D. — Ni moi, ni vous, ni aucun des êtres humains qui se trouvent autour de nous. Ni aucun autre animal, sans doute.

J.-C. C. — Je suppose que moi aussi je peux avoir, disons un double ?

T. D. — Bien sûr.

J.-C. C. — Mais est-ce que mon double pourrait entrer en relation, ou en interaction, avec le vôtre ?

T. D. — En principe, oui, car le Jean-Claude Carrière *bis* est fait de la même « matière » que le Thibault Damour *bis*, et surtout il peut échanger de la « lumière *bis* » avec lui, et donc le voir aussi bien que vous me voyez.

J.-C. C. — Chaque monde n'existe donc que pour lui-même.

T. D. — Pour employer un mot malsonnant, un monde c'est l'ensemble des co-interagissants.

J.-C. C. — En conséquence les non-co-interagissants, pour employer un mot encore plus rude, vivent dans des mondes séparés.

T. D. — Même s'ils existent dans le même espace de fond. On pourrait compliquer la situation en ajoutant une interaction très faible qui couplerait les deux mondes. En faisant par exemple intervenir la gravitation, en disant que les particules des deux mondes, de type I et de type II, sont toutes soumises à la même interaction gravitationnelle.

J.-C. C. — Très faible, j'imagine.

T. D. — Oui, mais dans ce cas, en utilisant des détecteurs très sensibles, capables de mesurer la faible force gravitationnelle qui s'exercerait entre deux corps, nous pourrions nous apercevoir que notre corps « gravite » vers un autre corps invisible.

J.-C. C. — Situé pratiquement au même endroit de l'espace ?

T. D. — Cette idée de deux mondes, dans le même espace, qui sont presque « aveugles » l'un à l'égard de l'autre, peut servir d'analogie aux « couches d'impression » de la réalité quantique, que nous avons décrite comme des rayons lumineux qui s'ignorent. Cette analogie est à prendre avec un grain de sel. En effet, quand nous parlons du « même endroit », quand j'utilise la préposition « vers », nous décrivons deux mondes classiques, nous utilisons le langage et les structures de la physique, de la géométrie traditionnelles.

J.-C. C. — Les choses sont plus compliquées en mécanique quantique. Il fallait s'y attendre.

T. D. — Disons que, dans la théorie quantique, la situation est plus subtile. L'espace dans lequel vit la réalité quantique[1] est l'espace de toutes les configurations possibles, comme nous l'avons dit. Et la notion de *non-interaction* elle-même fait référence (car tous les mots sont trompeurs), non pas à l'absence d'une véritable force physique d'interaction, mais à une propriété plus fine, liée à la rapide variabilité de la « couleur » de l'amplitude d'existence de chaque configuration, et qui est semblable à la notion d'orthogonalité dans l'espace euclidien habituel.

J.-C. C. — Peut-on le dire plus simplement ?

Le multivers

T. D. — Essayons d'utiliser une autre analogie pour voir comment deux réalités peuvent faire partie d'un même système physique tout en s'ignorant, car elles sont « orthogonales » l'une à l'autre, et prenons-la dans la

1. Cet espace est ce que les mathématiciens appellent un « espace de Hilbert ».

physique classique. Nous lançons un projectile à l'horizontale. Son mouvement est en fait composé de deux mouvements : un mouvement horizontal dû à l'impulsion du lancer initial…

J.-C. C. — … et un mouvement vertical, dû à la force gravitationnelle, qui le tire vers le bas à chaque instant.

T. D. — Le résultat est un mouvement parabolique, selon une ligne courbe, et qui peut être vu comme la « somme » de deux mouvements séparés.

J.-C. C. — Mais qui s'ignorent l'un l'autre.

T. D. — Parce que ces deux mouvements agissent selon des directions orthogonales, autrement dit perpendiculaires, l'horizontale et la verticale. On peut dire que ces deux mouvements coagissent en se coïgnorant.

J.-C. C. — Vous voulez dire que, selon la théorie quantique, nous existons à un nombre infini de doubles, ou de copies, qui toutes se coïgnorent.

T. D. — Car elles sont « perpendiculaires » les unes aux autres.

J.-C. C. — Le mot facile qui vient aux lèvres est « fascinant ». Il y a de quoi s'émerveiller à perpétuité devant cette réalité multiple du monde, à laquelle ne s'applique aucun de nos concepts, aucune de nos définitions. Une infinité de copies coexistantes et coïgnorantes.

T. D. — Einstein nous avait démontré que le temps n'était qu'une illusion. Nous devons maintenant renoncer à l'illusion — plus tenace encore — d'*une seule réalité.*

J.-C. C. — Entrevu sous cet aspect quantique, même si nous laissons dormir un moment notre logique du tiers exclu, et toutes nos antiques certitudes sur l'existence et la réalité d'*un* monde — auquel nous ajoutions, pour des raisons morales, un seul autre monde, où se décernaient les récompenses et se subissaient les châtiments éternels...

T. D. — ... mais où nous ne cessions pas d'être nous-mêmes...

J.-C. C. — ... l'univers global apparaît comme un objet d'une complexité inimaginable.

T. D. — Il n'est pas un univers, il est un *multivers.*

J.-C. C. — Un *infinivers.* Il ne fait pas de doute que, pour que la majorité de l'espèce humaine comprenne et accepte ce que vous dites, cela prendra longtemps.

T. D. — Peut-être.

J.-C. C. — L'effort demandé à l'esprit est considérable. Et parfaitement inhabituel. Nous avions pris la douce habitude de procéder à des réductions, de rechercher la clarté, la simplicité, et même l'harmonie comme règles. Notions humaines, évidemment.

T. D. — L'effort est vif, en effet, il bouscule nos routines cérébrales, mais il n'est pas décourageant. Même si nous ne sommes qu'une très mince configuration dans une infinité de mondes coexistants dans le même espace quantique, même si nous n'avons avec les autres mondes pratiquement aucune possibilité de coagir, le défi lancé à notre esprit, et à notre être tout entier, est tel qu'il peut nous redonner des forces. Ainsi, si je ne cesse chaque jour de m'étonner (pourquoi me priverais-je du sentiment de la merveille ?), il m'arrive aussi de trouver cet état des choses réconfortant.

J.-C. C. — Pourtant, pour parler comme Freud, quelle humiliation !

T. D. — Je ne le pense pas. Comme Giordano Bruno, qui se réjouissait de l'éclatement du carcan des sphères célestes et s'exaltait devant l'ouverture d'un monde infini, pouvant contenir une infinité d'autres terres semblables à la nôtre, je trouve au contraire enthousiasmante cette infinité de mondes surimprimés les uns sur les autres.

J.-C. C. — Et qui s'ignorent.

T. D. — Pour le moment.

Les poètes en écho

J.-C. C. — Cela dit, le sentiment d'une multiplicité d'existences, d'une infinité de possibles, a été maintes fois pressenti, et même exprimé par les poètes. En Orient, surtout, où la superposition de deux éléments différents semble plus admise que chez nous.

T. D. — En Occident, par tradition, c'est la logique du tiers exclu qui prédomine.

J.-C. C. — Si une chose est une chose, elle n'est pas une autre chose. Tandis qu'en Inde, par exemple, ou dans la poésie iranienne, une chose peut être une chose *et* autre chose. « Je suis et ceci, et cela », disait Rumi. Milarepa, Tulsidas et bien d'autres ont chanté cette multiplicité d'états ou, comme vous diriez, d'amplitudes.

T. D. — J'avoue que je trouve des échos à la vision « kantique du quantique » dans les anciens textes indiens.

J.-C. C. — Même la poésie baroque occidentale a quelquefois manifesté cette impression avant le fameux *je est un autre*. L'impression d'un voisinage invisible est là. C'est un des constants mystères auxquels se mesure la poésie. Nous pourrions multiplier les citations : *There is a world elsewhere*, dit le Coriolan de Shakespeare. Il y a un monde ailleurs. Et les surréalistes en ont fait l'exigence centrale — selon André Breton — de leur recherche. Arriver à anéantir les oppositions habituelles, trouver ce *point de l'esprit*, d'où un certain nombre de notions réputées contradictoires (le haut et le bas, le blanc et le noir) *cessent d'être perçues contradictoirement*.

T. D. — Même certaines formes de peinture, comme l'impressionnisme, et plus encore le cubisme, participent à cette recherche.

J.-C. C. — C'est comme si nous avions la sensation, au moment où nous commettons une action, que nous pourrions en commettre une autre. La décision se fait au tout dernier instant, et presque à notre insu. Un de mes amis proches, à chaque question qu'on lui pose, répond d'abord par un « non, oui... ». Ensuite, il précise ce qu'il veut dire. Mais son premier réflexe n'est pas sélectif, il est multiple.

Exigences de l'arbitraire

T. D. — N'avez-vous jamais été tenté par cette résolution des contraires ?

J.-C. C. — Si, souvent, en particulier lorsque je travaillais avec Luis Buñuel. Dans plusieurs de ses films, mais surtout dans *Le Fantôme de la liberté*, qui date de

1973, nous avons essayé, dans une forme d'expression qui est réaliste par excellence (le cinéma), de présenter plusieurs films en même temps, mais sans utiliser la surimpression proprement dite ; simplement en juxtaposant deux actions qui, sous notre regard ordinaire, seraient radicalement irréconciliables. Ainsi, dans ce film, une petite fille a disparu, ses parents et la police la recherchent, et pourtant elle est là, présente, à côté d'eux.

T. D. — Ils la voient ?

J.-C. C. — Ils la voient, ils lui parlent et elle leur répond. Elle essaye de leur dire, mais sans aucun succès, qu'elle est là. De même, un tueur en série est reconnu coupable et condamné sévèrement par un tribunal. Après quoi, on vient lui ôter ses menottes, on lui serre la main, on lui ouvre les portes et, sans paraître s'en étonner, il se retrouve libre dans la rue. Il signe même des autographes. Vers la fin du film, deux préfets de police coexistent, comme s'ils n'étaient qu'un. Nous procédions à ces jeux sans aucune notion de physique quantique, je peux vous l'assurer, plutôt dans une recherche d'un illogisme assez troublant, d'un impossible, d'un surréel — qui pourraient aussi sembler drôles.

T. D. — Mais sans imaginer que vos personnages pouvaient faire n'importe quoi ?

J.-C. C. — Au contraire. Plus nous nous aventurions dans ces territoires, qui ne sont que très rarement explorés, plus nous nous rendions compte de l'extrême rigueur que nous devions garder. Il s'agissait de scènes très difficiles à écrire. Telle phrase, tel détail, soudain, nous paraissaient excessifs, inacceptables et arbitraires. Nous voulions élargir le champ du possible, et nous nous heurtions à des interdits de plus en plus stricts, qui ne venaient que de nous-mêmes.

T. D. — Votre liberté n'était qu'un fantôme.

J.-C. C. — Ce qu'il fallait démontrer.

T. D. — Le public a accepté ce jeu ?

J.-C. C. — Oui, dans la plupart des cas. En s'amusant, même, de ces distorsions. Mais un critique américain a estimé que nous avions commis de « graves erreurs psychologiques ».

T. D. — Il vivait dans une autre amplitude, qui sait ?

Récapitulons

T. D. — Pour nous habituer à la vision quantique, il est sans doute utile de récapituler, et de dire autrement les mêmes choses. Trois équations — Planck-Einstein et de Broglie — sont au départ de tout. Je les rappelle : $\Delta E = hf$, $E = hf = h/T$, et $P = h/\lambda$. Toutes les trois nous disent que, dans la théorie quantique, « quelque chose oscille ». À tout système physique d'énergie E et d'impulsion P, doit être associée une onde qui oscille, une onde qui a une période et une longueur d'onde.

J.-C. C. — Mais qu'est-ce qui oscille ? Et dans quel espace cette onde oscille-t-elle ?

T. D. — Ce qui ondule — reprenons les mots que nous avons utilisés jusqu'ici —, c'est l'amplitude d'existence du système dans une certaine configuration. Par exemple, une configuration (dans l'espace, à un certain moment du temps) de trois particules est définie par un certain triangle.

J.-C. C. — Et ce système, dans la théorie classique, à ce moment-là, n'existe que dans une seule configuration…

T. D. — … alors que dans la théorie quantique il existe dans une superposition d'un nombre pratiquement infini de configurations.

J.-C. C. — Nous sommes passés de l'un au multiple.

T. D. — En ajoutant que chaque configuration existe avec une certaine amplitude. Cette amplitude, nous la repérons par une « couleur » plus ou moins lumineuse.

J.-C. C. — Et son histoire ?

T. D. — Pour connaître l'amplitude d'existence de chaque configuration, nous devons considérer *toutes les histoires possibles* dans l'espace-temps.

J.-C. C. — En suivant un ordre ? En allant du début à la fin ?

T. D. — En passant de l'état d'une configuration initiale (si cet état est connu) à l'état de la configuration finale considérée, à l'instant où nous la considérons. L'amplitude d'existence d'un tel passage est obtenue en mélangeant toutes les couleurs de toutes les histoires possibles, qui s'interpolent entre la configuration initiale et la configuration finale.

J.-C. C. — Le monde autour de nous, à tout instant donné, n'est donc pas unique.

T. D. — Et c'est là sans doute le plus étrange, ou plutôt le plus étranger à toute la pensée scientifique depuis les Grecs. À tout instant donné, en effet, la configuration des choses autour de nous est multiple. Revenons à notre jeu de hasard. Imaginons un jeu de roulette où la bille ne peut tomber que dans *deux* configurations. Gauche ou droite.

J.-C. C. — Pair ou impair.

T. D. — Si vous voulez. Classiquement, la bille tombe toujours dans pair ou impair.

J.-C. C. — Dans une des deux possibilités, et dans celle-là seulement.

T. D. — Dans la théorie quantique, en supposant (c'est le cas le plus simple) que les amplitudes, à partir de l'état initial, pour finir en pair ou en impair, sont égales en luminosité, nous trouvons la même bille de roulette en pair *et* en impair.

J.-C. C. — Cette description de la réalité physique paraît absurde. Nous l'avons dit.

T. D. — C'est évident. Chaque fois que nous ouvrons les yeux sur le monde, nous voyons un seul monde.

J.-C. C. — Et nous voyons tous le même monde.

T. D. — Ou à peu près. La Lune, dans le ciel, apparaît à un seul endroit.

J.-C. C. — Alors qu'elle « existe » dans un grand nombre de configurations possibles ?

T. D. — Oui. Dans un nombre immense.

J.-C. C. — Pourquoi la voyons-nous tous au même endroit, et seulement là ?

Un seul côté de la mémoire

T. D. — La réponse à cette question — que nous ne pouvons pas manquer de nous poser — est assez surprenante. Elle fut apportée par Hugh Everett en 1957, c'est-à-dire longtemps après la découverte, dans les années 1920, du formalisme mathématique de la mécanique quantique. Et c'est une réponse assez similaire à celle de la question du temps comme écoulement.

J.-C. C. — Cet écoulement qui est une illusion.

T. D. — Les théories de la relativité, en effet, nous le disent. Une illusion tenace, rappelez-vous les paroles d'Einstein, mais une illusion.

J.-C. C. — À laquelle nous sommes tous soumis.

T. D. — Nous tous, êtres humains. Mais je me demande toujours si les animaux ont l'impression que « le temps passe ».

J.-C. C. — Restons avec nos semblables. Les humains ont tous cette impression que « le temps passe ». Comment la physique l'explique-t-elle ?

T. D. — Les corps humains sont des structures localisées le long de grands écheveaux (les échasses de Proust) dans l'espace-temps. Ces structures obéissent à un fonctionnement très complexe qui repose sur la thermodynamique des phénomènes irréversibles, et possèdent des sous-structures appelées « mémoires » qui gardent des traces des événements — mais qui ne les gardent que d'un seul côté de l'espace-temps.

J.-C. C. — De quel côté ?

T. D. — Si nous représentons l'espace-temps comme une grande boîte, notre mise en mémoire du passé ne s'applique qu'au côté bas de la boîte.

J.-C. C. — Le côté haut lui échappe ?

T. D. — En tout cas le comportement des structures que nous sommes fait apparaître une dissymétrie entre le haut et le bas. Cette dissymétrie, liée à l'encodage de souvenirs dans une mémoire, est la racine du sentiment psychologique de l'écoulement du temps. Nous avons le sentiment que le temps passe, mais *en réalité* seul le bloc espace-temps existe, « de bas en haut », sans que rien n'y corresponde à la notion de « maintenant ».

J.-C. C. — Et quelle est, en théorie quantique, l'analogie de cette illusion du temps qui passe ?

T. D. — C'est l'illusion que notre monde est unique. *En réalité* — dit la physique quantique, que nous prenons ici kantiquement au sérieux — l'univers est une superposition d'histoires différentes des configurations de toute la matière.

J.-C. C. — À chacun, donc, son illusion. Mais quand un croupier lance une bille de roulette, il la voit évoluer selon une seule histoire et tomber finalement soit sur pair, soit sur impair. Et tout le monde est d'accord là-dessus.

T. D. — Oui, mais nous ne devons pas oublier que le résultat, apparemment simple à décrire (pair ou impair), d'un lancer de bille de roulette n'est qu'une manière extrêmement simplifiée de décrire une configuration qui a mis en jeu — répétons-le — des interactions multiples entre la bille et tout ce qui l'entoure : la roulette elle-même, l'air ambiant, la température du casino, les respirations, jusqu'à l'œil du croupier qui surveille toutes choses.

J.-C. C. — Est-ce donc à une configuration de ce type de tout le système physique en interaction que la mécanique quantique attribue une amplitude complexe, c'est-à-dire une nuance de « couleur » et une « luminosité » ?

T. D. — Éliminons la plupart des éléments. Ne gardons que le croupier et la bille. La théorie quantique dit qu'il existe un croupier « bleu » voyant une bille « bleue » sur la case Pair…

J.-C. C. — … et un croupier « rouge » voyant une bille « rouge » sur la case Impair.

T. D. — Ces couleurs différentes, et surtout le fait, déjà évoqué, qu'elles tournent très rapidement sur le cercle dès qu'un détail de la configuration totale change (la position d'un atome à l'intérieur de la bille, ou à l'intérieur du croupier), fait que deux configurations différentes, schématiquement « le croupier voyant une bille paire », ou « le croupier voyant une bille impaire », sont essentiellement orthogonales, c'est-à-dire perpendiculaires, dans l'espace quantique de toutes les configurations.

J.-C. C. — Et comme dans le cas du mouvement de chute parabolique, qui était composée de deux mouvements perpendiculaires qui s'ignorent, ces deux configurations superposées s'ignorent l'une l'autre ?

T. D. — Exact. Cette perpendicularité est la racine même de ce que nous avons appelé l'effet cocktail, ainsi que de la possibilité de considérer la lumière du Soleil comme faite de rayons qui se propagent séparément — peut-on dire — en s'ignorant les uns les autres.

J.-C. C. — Cette « perpendicularité », que je mets par prudence entre guillemets, explique donc pourquoi le monde nous apparaît unique, alors qu'il est multiple.

T. D. — Exactement. Nous avons l'illusion que le monde est unique, alors qu'il est multiple, car notre conscience est localisée au voisinage d'une configuration particulière.

J.-C. C. — Des mondes multiples sont autour de nous.

T. D. — Et leur nombre atteint l'infini.

Vertige sans délire

J.-C. C. — Je crois n'avoir jamais lu quelque chose de comparable dans un roman de science-fiction.

T. D. — Parce que, peut-être, la science-fiction n'est qu'une façon de parler des autres mondes *en fonction du nôtre*.

J.-C. C. — Alors que nous devons au contraire, il me semble, abandonner notre monde, ou en tout cas notre vision du monde. Et peut-être même notre raison. Notre raison ordinaire.

T. D. — Mais peut-être pas, comme disait Kant, notre « raison pure ».

J.-C. C. — À supposer que nous puissions l'atteindre. À ce propos, les juges, dans ce tribunal imaginaire, ce « tribunal de la raison » que souhaitait Kant, doivent-ils être de la même « couleur » que le prévenu ?

T. D. — Nécessairement.

J.-C. C. — Ils exercent donc leur justice à l'intérieur d'un étroit couloir de réalité, dans la même amplitude d'existence. Ainsi la raison ne peut rien connaître (en donnant même à ce mot la résonance juridique qu'il peut avoir) que la raison.

T. D. — Assurément.

J.-C. C. — La raison est juge et partie. Si un prévenu déclare à ses juges que certes, dans cette amplitude-là, il a commis un méfait contre la raison, mais que dans une autre amplitude, dans une autre « couleur », il s'est montré très raisonnable, les juges n'en pourront rien connaître, puisque le juge bleu ne peut connaître que le bleu, et le juge rouge que le rouge.

T. D. — Dans notre vie courante, devant nos tribunaux réels, nous partageons tous la même amplitude, et nous nous accordons sur les mêmes conventions.

J.-C. C. — Plus ou moins. Nous ne nous libérons toujours pas du grand filet de la *Maya*. Une « pensée » pure est inconcevable par la pensée même. Et si par miracle nous pouvions atteindre la « raison pure », libérée de nos contingences, de notre pensée, de nos habitudes, alors notre raison, passant devant son propre tribunal, risquerait de finir dans sa propre prison.

T. D. — À perpétuité, peut-être.

À chacun sa lumière

J.-C. C. — Il me semble que la science d'aujourd'hui, et particulièrement la physique (c'est d'ailleurs pour cela que je me risque à m'y frotter), oblige la raison, au nom de laquelle elle agit, à aller au-delà d'elle-même, dans des territoires qu'elle a longtemps jugés absurdes, ou irrationnels, et qui maintenant s'ouvrent et s'imposent à elle.

T. D. — Mais nous nous engageons dans ces territoires avec la rigueur scientifique habituelle. On peut parler d'étonnement, et même de stupeur, mais certainement pas de délire. Sinon, nous risquerions de perdre pied et de tomber à notre tour dans telle ou telle croyance, ou secte, ou hallucination.

J.-C. C. — Pas de délire. Nous nous arrêtons au vertige.

T. D. — En fait, cette théorie quantique ne change rien au problème profond du rapport entre ce qu'on appelle traditionnellement le monde matériel et le monde de l'esprit, ou, pour parler comme Heidegger, de l'articulation entre l'étant et l'Être.

J.-C. C. — À supposer qu'il y ait un rapport.

T. D. — Comme physicien, je me dois de supposer au moins un certain parallélisme entre les deux. La théorie quantique nous dit alors sur la réalité la chose suivante : si nous considérons un faisceau, ou un pinceau de configurations se propageant quantiquement, et si nous ne le pinçons pas à l'excès (c'est-à-dire si nous n'essayons pas de déterminer avec précision la position de chaque atome, et si nous nous contentons d'une description macroscopique de la réalité), les propriétés ondulatoires de ce faisceau vont le faire évoluer, approximativement, comme évolue un rayon en optique géométrique.

J.-C. C. — En suivant une histoire qui là aussi minimise l'action ?

T. D. — Et qui passe par des écrans que définit la connaissance que nous avons de ce système.

J.-C. C. — Ce faisceau aura donc une histoire que décrira la physique classique.

T. D. — Et dans ce cas le monde qui semble interagir avec nous se limite à un étroit voisinage entre ce rayon de configurations et toutes les autres, parmi lesquelles il se propage. Les autres configurations existent, elles aussi, mais restent invisibles, du point de vue du rayon que nous habitons.

J.-C. C. — Revenons à notre jour d'été. Nous vivons dans un étroit rayon de lumière, qui entre par un trou de la persienne, et dans ce rayon nous voyons danser des poussières. Mais dans l'ombre qui entoure le faisceau existent d'autres poussières, tout aussi denses, que nous ne voyons pas.

T. D. — Cette ombre n'est ombre qu'à nos yeux. En réalité, comme nous l'avons dit, elle est lumière, car le trou dans la persienne est une illusion, due à la limitation de nos sens. Cette « ombre » entre guillemets, de multiples faisceaux la traversent, qui n'ont pratiquement aucune conscience de notre rayon de lumière, de notre « couleur ». Ils ne nous voient pas, et ils ne se voient pas entre eux.

J.-C. C. — À chacun sa poussière.

T. D. — À chacun sa lumière ! Notre vision est extrêmement limitée. Et cette myopie, qui est la nôtre, à toutes les configurations évoluant dans l'espace quantique, ne nous permet de retenir, dans le magma infiniment flou de toutes les histoires possibles, qu'un très étroit pinceau d'histoires. Le seul que nous tenons pour réel. Et cet étroit pinceau — revenons un peu plus haut, à la première conséquence — semble évoluer, approximativement, en suivant les lois de la théorie classique, en l'occurrence le principe de moindre action.

J.-C. C. — Fermat lui-même en serait surpris.

T. D. — C'est probable. La théorie quantique a surpris tout le monde, Einstein le premier.

J.-C. C. — Rien n'est plus surprenant, sans doute, qu'une image nouvelle de la réalité.

T. D. — Tant d'habitudes sont à perdre.

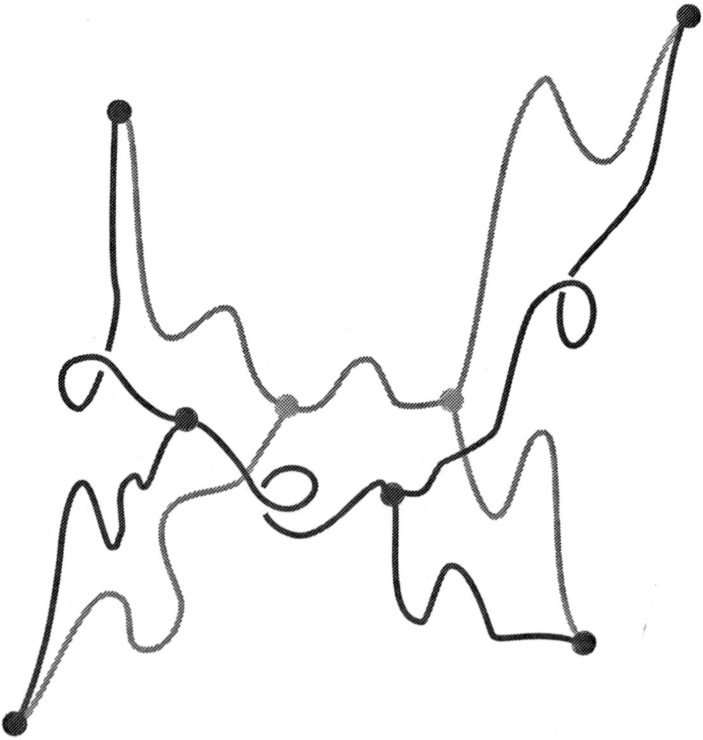

Bifurcations et loopings quantiques.

5

LA COMÉDIE (INTRIGANTE) DES PARTICULES

JEAN-CLAUDE CARRIÈRE — Nous sommes donc passés de l'un au multiple, d'une histoire unique, celle à laquelle nous avons immédiatement accès, dans un espace-temps déterminé, à une multiplicité d'histoires, superposées les unes aux autres.

THIBAULT DAMOUR — Histoires qui coexistent, chacune avec une certaine amplitude, que décrit un nombre complexe, que nous pouvons symboliser par une luminosité et une couleur. Voilà l'apport essentiel de la théorie quantique.

J.-C. C. — Notre perception est unique, mais la réalité est multiple.

T. D. — Cependant, la mécanique quantique, créée par Heisenberg et Schrödinger dans les années 1920, a gardé — implicitement — certaines des structures de la mécanique newtonienne.

J.-C. C. — Par exemple ?

L'idée du possible

T. D. — Par exemple l'idée qu'on peut suivre le mouvement d'une particule dans l'espace, au cours du temps. Ce qui signifie qu'à chaque instant, la particule occupe une position particulière dans l'espace.

J.-C. C. — Et que cette position est unique ?

T. D. — Avant Einstein, oui. Ensuite, il n'y a plus de nécessité logique à se restreindre à de telles lignes de déplacements dans l'espace-temps. Comme « tout ce qui est possible existe », avec une certaine amplitude, une certaine couleur, nous pouvons considérer toutes les histoires possibles qui joignent deux points dans l'espace-temps, et mélanger leurs « couleurs ».

J.-C. C. — Des histoires allant en avant comme en arrière ?

T. D. — En effet, effectuant des allers et retours, et toutes sortes de *loopings* dans l'espace-temps. Même les histoires les plus biscornues sont possibles, et coexistent.

J.-C. C. — N'est-ce pas même l'idée du « possible » qui disparaît ? Une idée qui a longtemps dominé la science, et toute notre approche de la réalité. Si tout est possible, le mot lui-même perd toute signification.

T. D. — En théorie newtonienne, l'action d'une particule qui n'est soumise à aucune force est définie, classiquement, par une équation qui met en jeu le temps, le carré de la vitesse et la masse[1]. En théorie einsteinienne,

---

1. L'action d'une particule newtonienne libre est l'intégrale sur le temps t de son énergie cinétique $mv^2/2$ où $v = dx/dt$ est la vitesse d'espace.

on considère qu'une particule peut se déplacer aussi bien dans l'espace que dans le temps.

J.-C. C. — Elle peut avoir une « vitesse dans le temps » ?

T. D. — Exactement. Mais pour pouvoir décrire cette « vitesse d'espace-temps », il faut introduire un « sur-temps », qu'on appelle aussi un « temps propre », un paramètre qui décrit précisément le mouvement dans l'espace-temps.

J.-C. C. — Je suppose qu'on a besoin dans ce cas d'une équation plus compliquée.

T. D. — Pas du tout ! L'action d'une particule einsteinienne libre est donnée par une formule aussi simple qu'avant, mais qui contient maintenant le temps propre, le carré (au sens de Poincaré-Minkowski) de la vitesse d'espace-temps et le carré de la masse[1]. Et finalement l'amplitude totale, pour qu'une particule « existe » en deux points d'espace-temps (un point initial et un point final), sans que l'on précise par quel mouvement d'espace-temps, et en combien de temps propre, elle est « passée » de l'un à l'autre, est obtenue en superposant toutes les amplitudes (toutes les couleurs) de toutes les histoires d'espace-temps qui joignent les deux points.

J.-C. C. — Cela pourrait être un nouveau genre littéraire, les « histoires d'espace-temps ». Mais comment les lire ? Toute lecture est univoque. Elle élimine tous les autres

1. L'action d'une particule einsteinienne libre est l'intégrale sur le temps propre T de la différence $(V^2 - m^2)/2$ où $V = dX/dT$ est la vitesse d'espace-temps.

possibles. Il ne faudrait même pas lire entre les lignes. Il faudrait lire d'autres lignes.

T. D. — Pour décrire en détail les superpositions de ces histoires multiples, de ces lignes d'espace-temps, il faut faire appel à des équations complexes, ou avoir recours à des graphiques.

J.-C. C. — Ce qui limiterait le nombre des lecteurs.

Pour mieux voir Kubrick

T. D. — Pour nous en tenir à l'histoire d'une particule, à son mouvement, à son cheminement dans l'espace-temps, nous voyons que la théorie quantique relativiste fait une prédiction remarquable : une particule peut « remonter le temps », et une paire de particules peut naître spontanément dans le vide.

J.-C. C. — Amusons-nous un instant à transposer. Dans une histoire ordinaire, soudain, apparaissent des personnages que rien ne laissait prévoir. Ils se déplacent dans l'espace-temps, ils se mettent à rajeunir, par exemple. Leur comportement nous semble aberrant.

T. D. — Il a cessé d'être classique.

J.-C. C. — C'est ainsi qu'il faut regarder, sans doute, la scène finale du film de Kubrick, *2001 : l'Odyssée de l'espace*. Scène magnifique et énigmatique, sans localisation précise. L'astronaute se retrouve dans un hôtel intergalactique. Chaque fois qu'il se déplace dans l'espace, autrement dit à chaque « plan » du film, il vieillit d'un seul coup, brutalement. Il est situé dans un espace-temps particulier, où les lois habituelles de la dramaturgie sont abolies, où le temps s'exprime dans l'espace, ou avec l'espace. Mettons Kubrick à côté de Proust. Ce n'est pas mauvaise compagnie.

T. D. — En regardant les choses de plus près, on s'est aperçu que les particules qui « remontent le temps » sont légèrement différentes des particules normales, de celles qui « descendent le temps ». Par exemple, si la particule normale a une certaine charge électrique (ou tout autre type de charge), la particule qui remonte le temps a la charge opposée.

J.-C. C. — Et une masse différente ?

T. D. — Non, la masse reste la même. La théorie quantique relativiste prévoit que pour toute particule — disons l'électron — il doit exister ce que nous appelons son « antiparticule ». L'antiélectron, rappelez-vous, s'appelle *positron*. De même, le proton a un antiproton.

J.-C. C. — L'antimatière est donc de la matière qui remonte le temps ?

T. D. — Nous devons cette idée au physicien suisse Stueckelberg. Elle fut grandement amplifiée par un Américain, Feynman.

J.-C. C. — Quelles autres conséquences peut-on tirer de la théorie quantique ?

T. D. — Celles qui concernent la nature du vide. En mécanique classique, le vide c'est l'espace en l'absence de particules. Il s'oppose à un espace qui contient une ou plusieurs particules.

J.-C. C. — Et du point de vue quantique ?

Entrée des boucles et des bifurcations

T. D. — Nous devons ici envisager une amplitude telle que l'espace-temps ne contienne aucune particule *ni dans le passé lointain ni dans le futur lointain.* Nous devons donc superposer toutes les histoires possibles, en supposant qu'il n'y avait de particules *ni avant ni après.*

J.-C. C. — Uniquement dans le milieu, dans l'entre-deux.

T. D. — Dans le milieu, en effet, nous avons ce qu'on peut appeler des « boucles » d'espace-temps, qui peuplent le vide. Ces boucles sont de tailles et de formes arbitraires.

J.-C. C. — Mais que veut dire une « boucle » ?

T. D. — C'est l'apparition spontanée d'une paire particule-antiparticule, suivie de la disparition, ou si l'on veut, de l'annihilation de cette même paire.

J.-C. C. — C'est Brahma et Shiva en pleine activité, et en même temps. La création et la destruction.

T. D. — C'est le vide quantique, la superposition incessante d'un nombre infini de processus d'apparition, puis de disparition, de paires de particules-antiparticules.

J.-C. C. — Ces paires qu'on appelle virtuelles ?

T. D. — Exactement, car elles sont éphémères — tout en constituant un aspect important de la réalité physique.

J.-C. C. — Voici un vide plein d'activité.

T. D. — Un vide qui n'est plus le « rien » d'autrefois. Encore que nous puissions nous amuser à écrire Vide = O.

Mais O ne désigne plus le zéro. Il représente maintenant une boucle.

J.-C. C. — Cela ressemble à un calembour visuel. Mais qu'en est-il de la notion de force ? Et de celle de champ ?

T. D. — Le champ représentait toutes les forces possibles associées à une certaine source de force. Ainsi, une charge électrique était la source potentielle de forces électriques.

J.-C. C. — Qui créaient un champ électrique.

T. D. — Cela, en physique préquantique. La physique reposait alors, rappelons-nous, sur une dichotomie stricte entre matière et force. La matière, sous forme de particules, était localisée dans certains points de l'espace. La force, associée à un champ, était répartie dans tout l'espace.

J.-C. C. — Et que dit la théorie quantique ?

T. D. — Elle introduit une unification profonde entre la matière-particule et la force-champ. Cette unification repose essentiellement sur l'idée que les lignes d'espace-temps (représentant ce que nous appelons l'histoire des particules) peuvent non seulement remonter le temps, mais bifurquer, « fourcher ».

J.-C. C. — Ce qui complique certainement les choses.

T. D. — Surtout dans l'état intermédiaire, dans le « milieu ». À chaque bifurcation est associée une amplitude d'existence. Ensuite, l'amplitude pour un processus quelconque de passage entre un état initial et un état final est obtenue en faisant la somme de toutes les possibilités : chemins d'espace-temps et bifurcations possibles. On obtient alors une théorie quantique précise du mouvement de plusieurs particules. Dans cette théorie, les particules ne sont pas indépendantes. Elles exercent une influence l'une sur l'autre. Elles sont dites « en interaction ».

J.-C. C. — Il existe, je suppose, une force d'interaction.

T. D. — Elle est associée à la bifurcation, et correspond à une énergie d'interaction.

J.-C. C. — Peut-on reproduire ainsi les forces électriques et magnétiques entre deux particules ?

T. D. — Il faut pour cela introduire deux autres complications.

J.-C. C. — Je me sens parfois comme ce roi d'Espagne qui, désireux de réformer le calendrier, demanda aux meilleurs savants de son époque de lui exposer l'état d'avancement de l'astronomie. Il en conclut que la nature était véritablement compliquée et que, si Dieu l'avait consulté avant de créer le monde, il lui aurait suggéré d'en simplifier les structures.

T. D. — Mais nous verrons plus tard que la théorie des cordes simplifie les choses. En fait, il est remarquable que, bien que la nature soit incroyablement subtile et complexe, plus nous en affinons notre description, plus il devient possible de trouver de nouveaux langages qui font apparaître une simplicité profonde.

Des particules polarisées

J.-C. C. — Je dois vous avouer que cette simplicité ne me saute pas aux yeux. Quelles sont ces deux complications que vous évoquiez ?

T. D. — Voici la première : nous avons considéré ci-dessus que toutes les lignes d'espace-temps décrivaient un seul type de particule, avec une masse (m) fixée une fois pour toutes. Comme il existe plusieurs types de particules, nous devons considérer plusieurs types de lignes d'espace-temps — que l'on peut distinguer graphiquement en dessinant des lignes plus ou moins minces, ou composées de tirets, ou ondulées. À chaque type de ligne on peut associer une masse différente qui, en conséquence, change le calcul de l'action associée à une ligne d'espace-temps.

J.-C. C. — Et quel type de ligne d'espace-temps, avec quelle masse, faut-il considérer pour reproduire les forces électriques ?

T. D. — L'interaction électrique est « expliquée » si on considère une bifurcation entre une ligne de « matière » normale, avec une masse non nulle (comme l'électron ou le proton) et une ligne de « lumière » avec une masse, au repos, nulle, c'est-à-dire dont l'action est calculée en remplaçant le carré de la masse par zéro.

J.-C. C. — Et cela suffit pour rendre compte, complètement, des forces électromagnétiques ?

T. D. — Pas tout à fait. On peut expliquer ainsi la force électrique (inversement proportionnelle au carré de la distance), mais nous devons hélas introduire une deuxième complication pour décrire les forces magnétiques, incluses dans l'interaction électromagnétique.

J.-C. C. — Je tiens encore le coup. Expliquez-moi cette nouvelle complication.

T. D. — Jusqu'à maintenant, nous avons considéré une particule comme un point sans structure interne. À chacune de ses positions dans l'espace-temps, nous associons une amplitude d'existence.

J.-C. C. — Et ça ne suffit pas ?

T. D. — Non. L'expérience a montré que la position d'une particule ne suffit pas à déterminer son état.

J.-C. C. — Que faut-il d'autre ?

T. D. — Il faut préciser quelle est la *polarisation* de la particule.

J.-C. C. — Quelle est cette notion ?

T. D. — Elle fut découverte à propos de la lumière, justement. Celle-ci, telle qu'elle était déjà décrite par Fresnel et Maxwell au XIXe siècle, peut avoir plusieurs *polarisations* distinctes, dont nous pouvons observer les conséquences. Dans le cas de la lumière, le nombre des états possibles de polarisation est infini, mais tous ces états peuvent être considérés comme des superpositions de deux états élémentaires.

J.-C. C. — Pourquoi seulement deux ?

T. D. — La polarisation de la lumière peut être représentée comme un *vecteur*. *A priori*, on pourrait penser que ce vecteur peut être considéré comme la superposition de trois vecteurs élémentaires.

J.-C. C. — Correspondant aux trois directions de l'espace ?

T. D. — À trois directions orthogonales. Cependant — par le fait que la masse (au repos) de la lumière est nulle —, parmi les trois directions élémentaires, seules deux sont effectives.

J.-C. C. — Si je comprends bien, pour décrire complètement un rayon de lumière, il faut préciser dans quelle direction il est polarisé.

T. D. — Exactement. Selon quel axe. Enfin, pour être complet ou presque, dans ce domaine, nous devons ajouter que, comme dans toute la théorie quantique, quand on dit qu'un état de lumière est obtenu « en superposant deux états de polarisation orthogonaux », cette superposition correspond mathématiquement à une somme qui contient des coefficients complexes, et non pas réels.

J.-C. C. — Je suis franc : je ne comprends pas.

T. D. — Je l'admets. Passons rapidement sur ce point technique. Disons que l'utilisation de coefficients complexes — que nous avons décrits, rappelez-vous, comme des luminosités colorées — fait que, en partant de deux polarisations simples dans des directions orthogonales, on peut obtenir des polarisations plus compliquées, qu'on appelle *elliptiques*, dans lesquelles le vecteur de polarisation tourne rapidement sur une ellipse.

J.-C. C. — Désolé. Je ne comprends toujours pas. Vous me parliez d'une simplicité accrue. Je l'attends toujours.

Réalité continue, et discontinue

T. D. — Rien n'est vraiment simple. Mais tout est susceptible d'être compris. C'est évidemment notre ambition. Retenons ce qui, dans la théorie quantique, me semble réellement magique : l'abolition de la distinction entre matière et force.

J.-C. C. — Abolition inconcevable au XIXe siècle ?

T. D. — Totalement impossible. On concevait alors la matière comme étant, par essence, discontinue, composée de grains infinitésimaux, les particules, lointains descendants des atomes des Grecs.

J.-C. C. — En revanche, la force était continue ?

T. D. — Faraday et Maxwell avaient montré que les forces électriques et magnétiques sont associées à des champs, lesquels existent en tous points de l'espace et peuvent même se propager dans le vide, sous forme d'ondes électromagnétiques. On pensait donc que toute force d'interaction devait être liée à un champ continu, pouvant se propager dans tout l'espace sous forme d'ondes.

J.-C. C. — Distinction très nette, donc, entre une matière discontinue et une force continue.

T. D. — La théorie quantique bouleversa cette conception en montrant que la réalité — cette fameuse réalité après laquelle nous courons — n'est pas descriptible sous forme d'un certain nombre de particules précisément localisées dans l'espace, comme on le croyait naguère, mais sous forme d'une superposition de toutes les positions.

J.-C. C. — Et de toutes les histoires.

T. D. — Nous en avons déjà assez longuement parlé.

J.-C. C. — La matière qui nous compose est donc — comment dire ? — un infini tourbillonnant, une multiplicité effervescente, des milliards de récits qui paraissent n'en faire qu'un ?

T. D. — Tous ces mots sont évocateurs, mais dangereux. Disons, dans notre langage, qu'à chaque passage entre une configuration initiale et une configuration finale est associé un nombre complexe, lequel dépend *continûment* des positions initiale et finale.

J.-C. C. — Nous sommes du continu dans du discontinu, et *vice versa*.

T. D. — L'amplitude d'existence d'une configuration de plusieurs particules — ou si vous voulez la réalité d'une forme, de toute forme — est une *fonction ondulatoire* des positions, dans l'espace-temps, des particules.

J.-C. C. — Cette fonction est complexe.

T. D. — Oui. On peut la représenter par une luminosité et une couleur. En fonction du temps, c'est-à-dire si l'on fait « avancer dans le temps » toutes les particules de la configuration, cette couleur « tourne » très vite sur le cercle des couleurs possibles. À ce mouvement de rotation rapide est associée une *fréquence*.

J.-C. C. — Le nombre de tours par seconde.

T. D. — Et nous constatons alors que cette fréquence d'oscillation de la fonction ondulatoire, qui nous donne l'amplitude d'existence, calculée en « mélangeant toutes les couleurs », redonne bien la formule découverte par Planck et Einstein au début du XXe siècle : $E = hf$, c'est-à-dire $f = E/h$.

J.-C. C. — f est la fréquence, rappelons-le.

T. D. — E, l'énergie totale du système considéré, et h la constante de Planck. Tout est là, dans ces trois symboles.

J.-C. C. — Et si on change la position dans l'espace de toutes les particules ?

T. D. — Alors l'amplitude d'existence oscille comme une onde et reprend, après le déplacement en bloc des positions, la même valeur. Ici s'applique la formule de de Broglie, $\lambda = h/P$, où λ est justement la « longueur d'onde » et P la quantité de mouvement totale du système.

J.-C. C. — Discontinu et continu, particules et ondes, sont donc étroitement associés dans toute description de la réalité.

T. D. — Dans toute description quantique. Mais cette théorie — notons-le, c'est important — ne dit pas que chaque particule, individuellement, est décrite par une onde. La fonction ondulatoire est l'amplitude d'existence de l'ensemble de toutes les particules en interaction qui constituent un système.

Théâtre de la réalité

J.-C. C. — Je suis frappé par plusieurs résonances. D'abord par l'usage que vous faites du mot « représentation ». C'est un mot que nous avons en commun. Une pièce de théâtre n'est pas la réalité, elle la *représente*, la rend présente. Et pourtant les acteurs, les décors, le théâtre lui-même sont une réalité, sans laquelle la représentation serait impossible.

T. D. — Et même inconcevable.

J.-C. C. — Ainsi, quand vous parlez de *luminosité* ou de *couleur*, j'y vois quelque chose de théâtral. Cette couleur n'existe pas en elle-même, elle est une façon de parler, de nous donner à voir, de nous aider à comprendre, et pourtant elle est associée à une réalité. Elle joue son rôle. Nous pourrions presque parler de la comédie de la réalité.

T. D. — Ou d'un théâtre d'ombres, pour évoquer l'image de la caverne de Platon.

J.-C. C. — Un autre élément qui me frappe, mais qui est plus anecdotique, et se rattache à ma longue fréquentation de l'Inde, c'est la persistance de l'ondulation. On ne connaît aucune autre civilisation, à ma connaissance, qui ait admis la réalité d'une destruction permanente — force sans cesse au travail, que « représente » le dieu Shiva. À nos yeux, l'Inde semble aussi se méfier de la ligne droite. Quand elle est obligée de l'utiliser — pour dresser une colonne par exemple —, elle la masque, elle la contorsionne. Les corps humains, dans la danse, dans les attitudes des dieux, sont perpétuellement ondulants. Je dis souvent que l'Inde est le pays de l'approche ondulante, le pays du courbe, du flexible. Du multiple, aussi.

T. D. — De l'infini, et aussi du zéro, concept mathématique qui fut inventé en Inde.

J.-C. C. — On y trouve aussi un sentiment plus obscur de participation de chaque détail au grand Tout. Une impossibilité à diviser, à séparer. Aucune culture n'est plus morcelée, et pourtant plus inséparable.

T. D. — C'est là un élément très profond de la théorie quantique. On y parle en effet de non-séparabilité, d'une intrication intime de toutes les particules d'un système en interaction. Un Français, Alain Aspect, a vérifié cette non-séparabilité dans des expériences de haute précision.

J.-C. C. — Ce qu'on appelle « particule » est donc représenté, dans la théorie quantique, par une amplitude d'existence qui oscille comme une onde.

T. D. — Autrement dit par un champ d'ondes. Et cela rend moins surprenant le fait que l'étude des bifurcations de particules puisse inclure la notion de force, ou de champ d'interaction. Chaque force, ou chaque champ, y devient associé à une particule. Ainsi, comme nous le disions, la force électromagnétique, ou le champ du même nom sont associés à une particule quantique qu'Einstein introduisit en 1905, le *photon.*

J.-C. C. — On peut le décrire ?

T. D. — Le photon est une particule de masse nulle et de polarisation décrite par un vecteur. Pour ne pas oublier qu'il a une structure directionnelle interne, on le « représente » par une ligne ondulée. Classiquement parlant, il se déplace à la vitesse de la lumière. Quant à l'amplitude, pour qu'une particule de matière habituelle (de masse non nulle) « bifurque » et donne naissance à un photon, elle est tout simplement égale à la charge électrique e.

J.-C. C. — Dans le monde de la représentation — théâtrale, cinématographique, chorégraphique — tout ce que nous pouvons imaginer acquiert un droit à l'existence. J'ai l'impression qu'il en est de même dans le monde quantique.

T. D. — Oui. En un sens tout ce qui est dessinable existe. Rappelez-vous ce dessin d'Escher où deux mains se dessinent l'une l'autre. C'est un peu ça.

J.-C. C. — Quand on a introduit un certain type de ligne d'espace-temps, correspondant à une particule, peut-il exister des processus où cette ligne apparaîtrait comme une « vraie particule », qui n'aurait pas seulement une existence éphémère, mais une existence réelle, observable pendant un temps illimité ?

T. D. — Autrement dit des processus où Hamlet cesserait soudain d'être un acteur pour devenir réellement Hamlet, et cela pour l'éternité ?

J.-C. C. — Voilà. La bifurcation de Hamlet.

T. D. — Oui, de tels processus correspondent à la création d'une particule nouvelle, en partant d'autres particules. Insistons sur le caractère extraordinaire de la théorie quantique relativiste. D'un côté, elle unifie matière et force en identifiant chaque interaction avec une bifurcation de lignes d'espace-temps, et d'un autre côté elle permet (elle exige, même) l'apparition de particules nouvelles « à partir de rien ».

J.-C. C. — C'est-à-dire à partir du vide, si je me souviens bien.

T. D. — À partir du vide quantique, qui contient virtuellement, et en nombre infini, des paires de toutes les particules et antiparticules possibles.

J.-C. C. — Peut-on donner un exemple concret d'apparition d'une particule nouvelle, qui n'existait pas dans le système initial ?

T. D. — Prenons l'exemple — historique — de l'introduction dans la physique des interactions faibles, par Fermi, en 1934. Le neutron est une particule instable[1]. Après une dizaine de minutes, un neutron isolé a une chance sur deux d'avoir disparu. Cette disparition donne lieu à l'apparition d'un proton, d'un électron et d'une particule qui interagit très faiblement avec la matière, un *antineutrino*. Fermi nous a appris à décrire ce processus comme une bifurcation de la ligne d'espace-temps.

J.-C. C. — C'est l'apparition de l'électron qui est ici extraordinaire ?

T. D. — Oui, car cette particule est traditionnellement conçue comme éternelle, ne pouvant être ni créée ni détruite.

J.-C. C. — Elle apparaît ici à partir de rien.

T. D. — Car on démontre qu'il n'est pas possible de considérer que l'électron préexistait dans le neutron. Nous devons donc réviser le concept fondamental qui définissait la matière.

J.-C. C. — Elle n'est pas stable. Elle n'est pas éternelle.

T. D. — Il apparaît ici un électron sans qu'apparaisse son antiparticule, le positron. Ce fut un pas décisif, qui montra la pertinence des concepts fondamentaux de la théorie quantique relativiste (appelée aussi théorie quantique des champs).

J.-C. C. — Peut-on tenter de résumer les questions qui se posent encore aujourd'hui, dans la théorie quantique de la réalité ?

---

1. On parle ici d'un neutron isolé.

Questions en suspens

T. D. — D'abord, et c'est bien simple : quelles sont toutes les particules possibles ? Quelles sont les *masses* et les structures de *polarisation* de toutes les particules possibles ?

J.-C. C. — Est-ce tout ?

T. D. — Non. Nous devons aussi nous demander quels sont tous les types possibles de *bifurcations* entre particules. Et quels sont les divers paramètres qui décrivent ces possibilités de bifurcation. Le menu complet d'une théorie quantique donne les masses, les polarisations et les amplitudes de bifurcation, appelées « coefficients de couplage ». La charge électrique est l'exemple le plus simple d'un coefficient de couplage.

J.-C. C. — Encore une expression nouvelle, qui a quelque chose de louche. Comme s'il s'agissait d'une immense orgie de particules.

T. D. — Précisons aussi que toutes les particules ne sont pas nécessairement « élémentaires ». Neutrons et protons sont vus aujourd'hui comme des systèmes de trois *quarks* (un quark *up* et deux quarks *down* pour le neutron, deux quarks *up* et un quark *down* pour le proton).

J.-C. C. — Quarks qui bifurquent, eux aussi ?

T. D. — La bifurcation élémentaire, c'est la transformation d'un quark *down* en un quark *up* ou réciproquement. Mais le plus important est qu'il ne s'agit pas d'une bifurcation contenant quatre lignes en tout (en y comprenant la ligne qui décrit la particule initiale), comme l'avait supposé Fermi, mais seulement trois.

J.-C. C. — C'est-à-dire ?

T. D. — La théorie la plus récente des interactions faibles postule qu'il existe un analogue du photon, qu'on appelle en anglais *W* (pour *weak*) et que l'on peut appeler en français *faiblon.* Le processus de bifurcation devient alors double : désintégration d'un *down* présent dans le neutron en *up* avec émission d'un *W*, puis désintégration de ce *W*, de ce faiblon, en électron et antineutrino.

J.-C. C. — Le faiblon est lui aussi associé à un champ ?

T. D. — Il est associé au champ électrofaible. Comme le photon, il a une polarisation interne qui est décrite par un vecteur.

J.-C. C. — Ce qui caractérise la polarisation des particules, c'est bien ce qu'on appelle leur *spin* ?

T. D. — C'est bien cela. Le spin peut être un nombre entier (1, 2) ou un nombre demi-entier, comme 1/2, 3/2, 5/2. Par exemple, le spin 1 décrit une polarisation vectorielle, comme celle du photon ou du faiblon.

J.-C. C. — Peut-on dire que, dans son cœur même, la matière est irrégulière ?

Exclusion de l'identique

T. D. — Elle est agitée, elle est complexe, mais elle ne fait pas n'importe quoi. Ainsi, une propriété essentielle des particules dont le spin est donné par un nombre demi-entier (1/2, 3/2, etc.) est qu'elles satisfont au principe d'exclusion de Pauli. Celui-ci est à l'origine de toutes les propriétés de régularité qu'avait déjà remarquées Mendeleïev au XIXe siècle.

J.-C. C. — À savoir ?

T. D. — Il n'existe pas d'état où deux particules de spin demi-entier présentent exactement le même mouvement quantique, et la même polarisation. Tout se passe comme si une propriété traditionnelle de la matière, l'« impénétrabilité », était préservée, chez ces particules. Si une d'elles occupe une certaine « niche », aucune autre particule du même type et de même polarisation ne peut la pénétrer. L'une exclut l'autre.

J.-C. C. — Et une particule de même type, mais de polarisation différente ?

T. D. — Dans ce cas, oui, c'est possible. Une particule de même type, et de polarisation différente, peut présenter le même mouvement.

J.-C. C. — Il s'agit donc d'une exclusion, non pas du différent, mais de l'identique.

T. D. — Exactement. Et toute la chimie qui compose le monde qui nous entoure repose là-dessus, par exemple la table périodique des éléments.

J.-C. C. — Mais les particules qui ont un spin représenté par un nombre entier (1, 2...), si je vous suis bien, ne sont pas soumises au principe d'exclusion ?

T. D. — En effet. Nous pouvons les superposer dans le même état de mouvement et de polarisation.

J.-C. C. — En grand nombre ?

T. D. — C'est sans limite. Les particules de spin entier sont associées à ce que l'on nomme traditionnellement des forces, des champs. Un très grand nombre de photons, qui se trouvent — à peu de chose près — dans le même état de mouvement et de polarisation, correspondent à une onde électromagnétique.

J.-C. C. — Semblable à celles qu'on observait dans la physique préquantique ?

T. D. — Exactement.

La distribution au complet

J.-C. C. — Pourrions-nous maintenant dresser la liste de tous les acteurs de la comédie ? De toutes les particules connues ou supposées ?

T. D. — Volontiers. Nous connaissons déjà 24 particules élémentaires (et autant d'antiparticules) de spin 1/2. Elles se présentent en trois familles de 8 particules chacune. La première contient l'électron et son neutrino associé, trois sortes de quarks *up* et trois sortes de quarks *down*.

J.-C. C. — Cela fait bien 8.

T. D. — Les deux autres familles ont la même structure, avec des analogues de l'électron, le *muon* et le *tau*, d'autres neutrinos et d'autres triplets de quarks. Ceux-ci sont dits *charmé*, *étrange*, *top* et *bottom*.

J.-C. C. — Ces particules de spin 1/2 forment le cœur de la matière ?

T. D. — De la matière que nous pourrions appeler usuelle, ordinaire.

J.-C. C. — Il existe des particules de spin 1 ?

T. D. — Oui. Et de spin 0. Il y a 12 particules de spin 1 et 4 de spin 0. Les particules de spin 1 sont toutes des analogues du photon : un *préphoton*, trois *faiblons*, et huit *gluons*. Ces derniers sont les particules associées à l'interaction nucléaire forte. Quant aux particules de spin 0, elles sont associées à ce qu'on appelle le champ de Higgs.

J.-C. C. — Toutes les particules de spin 1, dont vous venez de dire qu'elles sont des analogues du photon, ont aussi une masse nulle ?

T. D. — Oui et non. À la suite d'un phénomène d'instabilité lié au champ de Higgs, une des particules de spin 0 devient « la » particule de Higgs, qui a une masse non nulle, alors que les trois autres se combinent avec les trois faiblons et le préphoton, pour donner trois faiblons « lourds » (W^+, W^-, et Z^0), qui sont presque cent fois plus lourds que le proton. Cette combinaison donne aussi notre photon habituel.

J.-C. C. — Dont la masse est nulle.

T. D. — Exact. La masse des gluons est aussi égale à zéro, comme celle du photon, mais une différence apparemment minime joue ici un rôle essentiel. Le photon et le préphoton ne peuvent pas interagir avec eux-mêmes. Les gluons, eux, peuvent bifurquer. Cette propriété est à la racine même des propriétés des particules lourdes (proton, neutron) qui constituent — avec l'électron — la matière ordinaire.

J.-C. C. — La nôtre.

T. D. — La nôtre, oui, celle de la Terre, des arbres, de l'air que nous respirons, des étoiles, tous constitués de protons, de neutrons et d'électrons.

J.-C. C. — Cette matière qui danse dans le rayon de lumière où nous vivons. Notre existence repose donc sur des bifurcations de particules à masse nulle.

T. D. — Soyons un peu plus précis : les protons et les neutrons (qui constituent tous les noyaux d'atomes de tous les éléments chimiques) contiennent chacun trois quarks, mais la masse des quarks n'est qu'une toute petite partie de la masse du proton et du neutron.

J.-C. C. — Nous divisons l'invisible avec l'impondérable.

T. D. — Il le faut, si nous voulons comprendre. La masse du proton ou du neutron est due, pour l'essentiel, au fait que les quarks créent et absorbent en permanence un grand nombre de gluons. Ces gluons interagissent fortement entre eux. Et c'est ce grand nombre de gluons qui correspond à l'interaction nucléaire forte. Celle qui, à l'intérieur du proton et du neutron maintient ensemble les quarks.

J.-C. C. — Cette force nucléaire forte, je l'appelle parfois Vishnu. Dans la mythologie hindoue, il est le dieu (la force) qui maintient le monde en l'état, il est la cohérence, celui qui s'oppose à Shiva, de qui, pourtant, on ne peut pas le séparer.

T. D. — L'énergie de tous ces gluons, l'énergie du « champ gluonique associé », représente l'essentiel de la masse du proton comme du neutron.

J.-C. C. — Donc de notre masse.

T. D. — De toutes les masses observables, si l'on met à part la « masse noire » et l'« énergie noire », qui dominent l'univers cosmologique, et dont la nature reste à dévoiler.

Dernières questions (à ce niveau-là)

J.-C. C. — Nous tentons un résumé ?

T. D. — D'un côté, la théorie quantique relativiste des particules conduit à une remarquable simplification, à une unification de la structure de la réalité. Des concepts qui semblaient autrefois irréductibles (matière discontinue, force continue) ont été unifiés dans le concept de particule quantique.

J.-C. C. — Laquelle se propage de toutes les façons possibles dans l'espace-temps.

T. D. — Y compris « à rebrousse-temps ». Une particule peut aussi bifurquer, c'est-à-dire se transformer en deux ou trois autres.

J.-C. C. — Quant au Vide, il a cessé d'être le Rien.

T. D. — Il est devenu un endroit très animé, théâtre d'un processus incessant de création et de destruction de paires de particules-antiparticules. Et tout cela correspond à des lignes d'espace-temps qui se referment sur elles-mêmes, des « boucles » dans l'espace-temps.

J.-C. C. — La structure, cependant, paraît complexe, et même largement arbitraire. Pourquoi des particules sont-elles dotées de certaines polarisations plutôt que d'autres ? Pourquoi trois familles de particules de spin 1/2 ? Pourquoi trois familles d'interactions associées à des particules de spin 1 ?

T. D. — Et combien d'autres questions ! Pourquoi certaines particules de matière ne sont-elles sensibles qu'à certaines interactions, et pas à d'autres ?

J.-C. C. — Par exemple ?

T. D. — Par exemple les *leptons*, c'est-à-dire l'électron, le neutrino et leurs cousins, totalement insensibles aux gluons, c'est-à-dire à l'interaction forte. Et pourquoi trouvons-nous un seul préphoton, mais 3 faiblons et 8 gluons ? La théorie générale des bifurcations possibles pour des particules de spin 1 montre que les nombres 3 et 8 sont liés à certaines structures mathématiques : la dimension de certaines « algèbres de Lie ».

J.-C. C. — Mais pourquoi la nature utiliserait-elle ces algèbres plutôt que d'autres ?

T. D. — Et qu'est-ce qui détermine la valeur des coefficients de couplage associés aux diverses bifurcations de ligne que nous connaissons à ce jour ? L'ensemble de la structure des particules a quelque chose de baroque.

J.-C. C. — Qui vous dérange ?

T. D. — Nous aimerions trouver un fondement théorique plus approfondi. Inutile de le nier.

J.-C. C. — Et l'autre force, l'interaction gravitationnelle, que devient-elle dans le tableau ?

T. D. — Nous y venons.

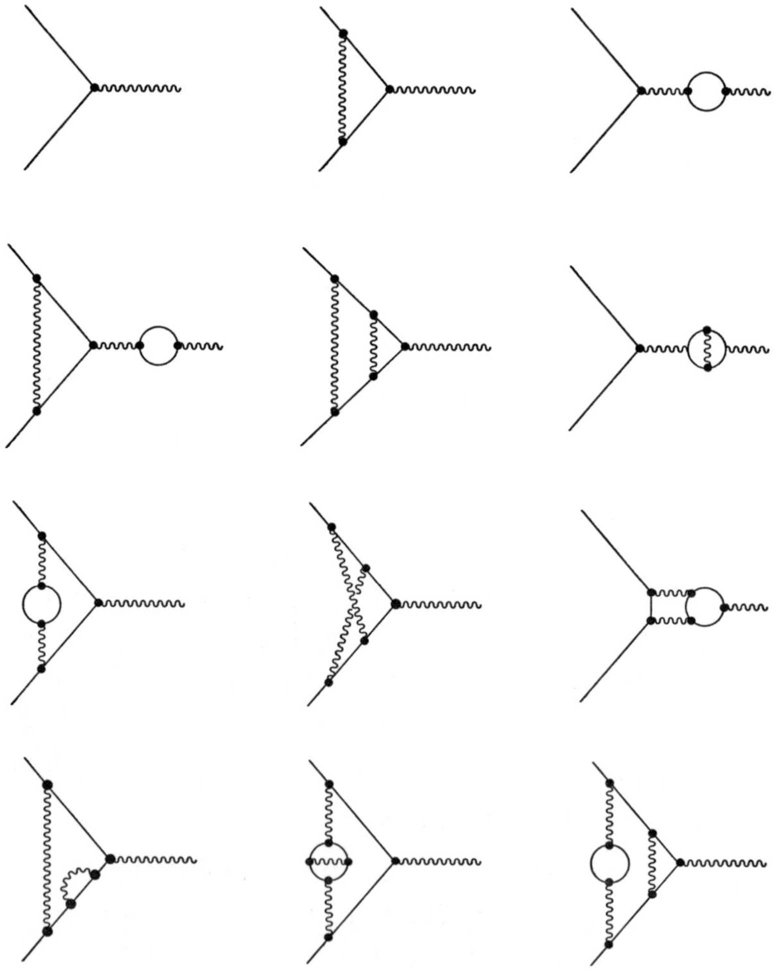

Quelques processus virtuels contribuant au moment magnétique de l'électron.

6

DANS LE DÉTAIL DU VRAI

JEAN-CLAUDE CARRIÈRE — On entend dire un peu partout, mais surtout aux États-Unis, que la science n'est au fond qu'une activité culturelle de l'homme parmi d'autres, comme la peinture ou la philosophie, qu'elle repose sur des *a priori* arbitraires, et qu'elle n'est pas fondamentalement différente de toute autre construction mentale. Comme les arts, comme la pensée, comme les religions, elle ne serait là que pour nous aider à nous sentir un peu plus à l'aise dans notre monde.

THIBAULT DAMOUR — Elle ne serait qu'une version plus évoluée des mythes primitifs.

J.-C. C. — Lévi-Strauss lui-même a parlé de la science comme mythe. Le Big Bang, par exemple, s'apparente selon lui aux récits fondateurs.

T. D. — Aux États-Unis, certains vont jusqu'à dire, et non sans véhémence, que l'enseignement officiel devrait faire la part égale à la science, à l'enseignement religieux fondamentaliste et aux mythes précolombiens !

J.-C. C. — Cependant, les scientifiques que je connais sont convaincus que la science nous propose une compréhension rationnelle de la réalité absolument unique, qu'elle contient *en elle-même* une source de certitude rationnelle.

T. D. — Je le crois aussi. Et très fermement.

J.-C. C. — À quoi tient cette conviction ?

T. D. — Pour répondre, il faut entrer dans certains détails.

J.-C. C. — Nous sommes là pour ça.

Newton fait la différence

T. D. — Contrairement à toute autre activité humaine, la science n'admet qu'une proportion infime d'arbitraire et de convention. Elle nous montre que la rationalité est à l'œuvre dans le moindre détail de la réalité physique.

J.-C. C. — Qu'appelle-t-on un détail ?

T. D. — Disons que jusqu'à Newton, jusqu'à la publication, en 1687, des *Principia mathematica Philosophiæ Naturalis*, la science travaillait « en gros ». Avec Newton, nous passons à un stade mathématisé « en détail ». Je vais peut-être vous surprendre, mais aujourd'hui, plus de trois cents ans après Newton, un élève de Terminale Sciences n'a pas le bagage scientifique suffisant pour traiter l'exemple que je vais vous donner. Un exemple qui a convaincu tous les successeurs de Newton que des lois mathématiques simples gouvernent l'univers dans le moindre détail.

J.-C. C. — En Terminale, ne pourrait-on pas expliquer au moins les principes ?

T. D. — On le pourrait, mais on ne le fait pas. On continue de décrire « en gros », en évitant la précision. On semble mettre de côté la qualité première de la science, qui est son pouvoir de rationalité. Ce n'est ni l'astrologie ni la récitation, si belle soit-elle, d'un mythe préscientifique qui peuvent nous offrir une explication rationnelle de la nature.

J.-C. C. — Quel est donc cet exemple ?

T. D. — Il faut d'abord comprendre, et c'est essentiel, ce qui sépare Newton de ses prédécesseurs.

J.-C. C. — De Kepler, Galilée, Descartes ?

T. D. — De tous les autres. Ainsi, Kepler énonce ses trois célèbres lois sur la structure du système solaire. K1 : les planètes se meuvent sur des orbites elliptiques, dont un foyer est centré sur le Soleil. K2 : l'aire balayée par un rayon vecteur issu du Soleil est proportionnelle au temps. Et K3 : si l'on compare diverses planètes, le carré de leur période de révolution autour du Soleil est proportionnel au cube des demi-grands axes de leurs orbites elliptiques.

J.-C. C. — Et les lois de Newton ?

T. D. — N1 : la cause du mouvement d'un corps est une force. Plus précisément : l'accélération a d'un corps est donnée par la loi générale de la dynamique, $F = ma$, où F désigne la force et m la masse.

J.-C. C. — Et N2 ?

T. D. — Cette loi dit que toute particule exerce sur toute autre particule une force, dite gravitationnelle, qui est proportionnelle aux masses des particules et inversement proportionnelle au carré de la distance. Cette force mutuelle est attractive et dirigée selon la ligne qui joint les deux particules.

J.-C. C. — Où réside la vraie différence entre Newton et ses prédécesseurs ?

T. D. — Si on parle « en gros », si l'on considère par exemple un système solaire simplifié, constitué d'un soleil et d'une seule planète, alors les deux lois de Newton impliquent les trois lois de Kepler. En pareil cas, la description newtonienne est équivalente à la description káplérienne.

J.-C. C. — Mais si on entre dans le détail ?

T. D. — Si on considère un système plus compliqué, composé de plus de deux corps, comme notre système solaire, les calculs deviennent infiniment plus complexes.

J.-C. C. — Newton a entrevu cette complexité ?

T. D. — Oui, il comprit que la force totale qui agit sur une planète donnée, et qui détermine son mouvement (loi N1), est maintenant la somme d'un grand nombre de contributions.

J.-C. C. — Il y a la force d'attraction du Soleil…

T. D. — … à laquelle s'ajoutent les forces d'attraction engendrées par chacune des planètes du système. Un problème supplémentaire a bloqué Newton pendant des années : le Soleil n'est pas une particule ponctuelle dont toute la masse est concentrée en un point. Il est une énorme boule qui contient un très grand nombre de particules. De même, chaque planète est une boule qui contient elle aussi un très grand nombre de particules. En conséquence, pour calculer la force exercée par le Soleil sur une planète, il faut faire la somme d'un nombre « doublement infini » de contributions. Chaque particule du Soleil agit sur chaque particule de la planète.

J.-C. C. — Cela vaut aussi pour la Terre et la Lune ?

T. D. — Tout à fait. Un problème encore plus ardu se pose ici : relier l'attraction gravitationnelle exercée par la Terre sur la Lune à l'attraction exercée par la Terre sur des objets tombant sur sa propre surface.

J.-C. C. — Encore la pomme.

T. D. — Oui, car la pomme est très proche de la Terre et, vu de la pomme, on ne peut certainement pas considérer que toute la masse de la Terre est concentrée en son centre. Après des années de réflexion, Newton comprit comment résoudre ce premier problème, en démontrant le théorème suivant : l'attraction gravitationnelle exercée par un corps sphérique sur un autre corps sphérique est *exactement la même* que si l'on remplace chaque corps par un objet ponctuel, situé en son centre, et de masse égale à la somme des masses de toutes les particules du corps.

J.-C. C. — Ce théorème est-il démontré en Terminale ?

T. D. — Non. Les manuels récents se contentent d'« admettre » le résultat. Pourtant, on peut en donner des démonstrations qui seraient facilement accessibles à un élève de Terminale.

J.-C. C. — Mais ce théorème simplificateur n'a pas suffi à Newton ?

T. D. — Loin de là. Il vit que le problème de la dynamique d'ensemble du système solaire était rendu extrêmement complexe par les forces gravitationnelles que les planètes exercent entre elles.

J.-C. C. — Ces forces sont plus faibles que celle du Soleil ?

T. D. — Certes. Et nous retrouvons ici les deux premières lois de Kepler. Mais ensuite ? Quelles sont les conséquences des lois de Newton sur l'évolution *à long terme* du système solaire ? Newton s'est cassé la tête là-dessus pendant des années.

J.-C. C. — Il voyait l'étonnante complexité du problème ?

T. D. — Il en vint au point de conclure que les petites forces perturbatrices liées aux planètes accumuleraient leurs effets pendant des siècles pour conduire à une déstabilisation totale du système solaire.

J.-C. C. — C'est-à-dire à la fin du monde.

T. D. — Du monde stable qu'on imaginait au XVIIe siècle. Mais comme cette vision lui était insupportable, il conçut l'idée qu'il était peut-être nécessaire que Dieu, de temps en temps, vienne remettre en ordre notre système.

J.-C. C. — Qu'il rectifie le cours des planètes, qu'il avait lui-même fixé ?

T. D. — Qu'il les replace sur de « bonnes orbites », proche des orbites elliptiques de Kepler. Sinon, les perturbations planétaires nous conduiraient tout droit vers le chaos.

J.-C. C. — Newton était un pessimiste, au fond.

L'exemple de la Lune

T. D. — Cependant, il avait assez de confiance dans la simplicité de ses deux lois, N1 et N2, pour tenter de calculer en détail l'effet des forces gravitationnelles perturbatrices sur le mouvement de la Lune.

J.-C. C. — L'homme observait depuis longtemps ce mouvement.

T. D. — Depuis très longtemps. Mais Newton fut le premier à en expliquer rationnellement la régularité. N'en prenons qu'un aspect, le fait que l'ellipse suivie par la Lune, au cours de son mouvement autour de la Terre, n'est pas fixe dans l'espace. Cette ellipse « avance » continuellement par rapport aux étoiles lointaines.

J.-C. C. — En tournant ?

T. D. — En tournant lentement. On avait observé que l'ellipse lunaire accomplit une rotation complète — par rapport aux étoiles — en 3 232,6 jours, c'est-à-dire un peu moins de neuf ans.

J.-C. C. — Quelle est la raison de ce mouvement ? Peut-on l'expliquer en détail à partir des lois de Newton ?

T. D. — Newton y attrapa de terribles migraines. Après d'énormes efforts, il ne réussit à expliquer qu'à peu près la moitié de l'effet observé.

J.-C. C. — Ses successeurs héritèrent de ses migraines ?

T. D. — Ils durent développer de nouvelles méthodes scientifiques, beaucoup plus sophistiquées, et efficaces, que celles qu'utilisait Newton. En 1752, Clairaut — que suivit de peu d'Alembert — résolut le problème d'une façon assez satisfaisante.

J.-C. C. — Quel est exactement le problème ?

T. D. — Pour simplifier, réduisons-le à seulement trois corps, le Soleil, la Terre et la Lune. Pour le mouvement de la Lune, nous devons considérer la force qu'exerce sur elle la Terre, et celle qu'exerce le Soleil.

J.-C. C. — Ces forces s'expriment en équations ?

T. D. — Que je vous épargne. Mais voici la première surprise. Comme la Terre est beaucoup plus proche de la Lune que le Soleil, et que la force gravitationnelle varie à l'inverse du carré de la distance, on pouvait s'attendre à ce que la force exercée par la Terre sur la Lune soit beaucoup plus importante que celle exercée par le Soleil.

J.-C. C. — Mais le Soleil, même s'il est plus éloigné, est beaucoup plus massif que la Terre.

T. D. — En fait, les deux effets se compensent presque. Le Soleil exerce sur la Lune une attraction comparable à celle qu'exerce la Terre.

J.-C. C. — L'attraction solaire devrait donc perturber notablement le mouvement de la Lune autour de la Terre ?

T. D. — Oui, mais la gravitation possède une qualité remarquable, qui arrange bien les choses. La force gravitationnelle s'exerçant sur la Lune est proportionnelle à sa masse. Donc, en vertu de la première loi de Newton ($a = F/m$), l'accélération imprimée par le Soleil sur la Lune est indépendante de la masse de la Lune. Elle ne dépend que de la distance entre le Soleil et la Lune.

J.-C. C. — Mais le Soleil imprime aussi une accélération à la Terre.

T. D. — Certes, et comme la distance du Soleil à la Lune est pratiquement la même que la distance du Soleil à la Terre, il imprime pratiquement la même accélération sur la Terre et sur la Lune. Cette accélération, parce qu'elle est *commune*, n'a pas d'effet observable sur le mouvement relatif de la Lune par rapport à la Terre.

J.-C. C. — Nous ne la remarquons pas.

T. D. — Nous retrouvons ici, vous l'avez sans doute remarqué, le point de départ de la relativité générale, l'universalité de la chute gravitationnelle.

J.-C. C. — De la Terre, l'effet du Soleil sur la Lune n'est donc pas observable.

T. D. — Il faut cependant tenir compte du fait que la Lune n'est pas située au même endroit que la Terre, ce qui crée une légère différence dans les effets du Soleil sur l'une et sur l'autre. Finalement, l'effet perturbateur du Soleil sur le mouvement de la Lune est faible, il s'exprime par un nombre que l'on peut écrire comme le carré du rapport m entre la période du mouvement de la Lune autour de la Terre et la période du mouvement de la Terre autour du Soleil. Le rapport m vaut un peu moins qu'un treizième, et son carré vaut environ 0,56 %. Ce nombre étant petit, il paraît raisonnable de résoudre le problème du mouvement de la Lune par une méthode d'approximations successives.

J.-C. C. — La première approximation fut celle de Newton lui-même ?

T. D. — Et elle n'expliquait, nous l'avons dit, que la moitié de la vitesse de rotation observée. Un étudiant doué, en première année d'université, pourrait sans doute en faire autant, mais non sans effort.

J.-C. C. — Clairaut et d'Alembert ont donc réussi un tour de force ?

T. D. — Sans aucun doute. Ils réussirent à aller jusqu'à la deuxième approximation. Ils ont mené à bien un calcul difficile, qui permit d'expliquer 83 % de l'effet observé.

Une loi simple pour la complexité

J.-C. C. — D'autres scientifiques s'y sont attelés par la suite ?

T. D. — Ils furent nombreux. Et le problème apparemment simple du mouvement de la Lune se montra si dur à résoudre qu'il fallut inventer sans cesse de nouvelles méthodes. Delaunay, au XIXe siècle, travailla vingt ans sur ce problème. Son résultat final donne le rapport k entre la vitesse angulaire de rotation du grand axe de l'ellipse lunaire et la vitesse angulaire moyenne de la Lune sur son orbite, sous la forme d'une longue série de corrections successives (dont le premier terme est le résultat de Newton et le deuxième celui de Clairaut et d'Alembert).

J.-C. C. — Nous pouvons écrire ce résultat ?

T. D. — Le voici, avec des points de suspension :

$$k = \frac{3}{4}m^2 + \frac{225}{32}m^3 + \frac{4\,071}{128}m^4 + \frac{265\,493}{2\,048}m^5 \ldots \text{ et ainsi}$$

de suite, jusqu'à $+ 47\,309{,}7\ m^9$.

J.-C. C. — Ce résultat explique tout ?

T. D. — Il explique 99,99 % de l'effet observé. Et cela après vingt ans de travail.

J.-C. C. — Mais la science a besoin d'un vrai 100 %.

T. D. — La science a besoin d'expliquer théoriquement les faits observés, avec une précision égale à celle des mesures. La précision des mesures s'étant améliorée après Delaunay, d'autres méthodes furent développées au XXe siècle pour atteindre une précision encore meilleure.

J.-C. C. — On y parvient ?

T. D. — Avec l'aide de puissants ordinateurs.

J.-C. C. — Cependant, Newton n'avait obtenu que l'approximation la plus basse, qui ne donnait que 50 % de l'effet observé.

T. D. — En effet. Troublé par ce désaccord (d'un facteur 2) entre son calcul théorique et les observations, Newton nourrissait des doutes sur la validité de ses lois. Le remarquable travail de Clairaut fut peut-être une première dans l'histoire de la science moderne.

J.-C. C. — En quel sens ?

T. D. — Son résultat, obtenu par un tour de force théorique, permettait, étant donné la précision moindre des observations de l'époque, de réconcilier théorie et expérience. Ce succès le frappa lui-même, autant qu'il étonna ses contemporains.

J.-C. C. — Il montrait que la loi de Newton permettait d'expliquer non seulement en gros, mais en détail ?

T. D. — Et cela dans la mécanique extraordinairement compliquée du système solaire. Ce qui est frappant, c'est le contraste entre la simplicité de la loi, qui peut tenir en une seule phrase, et la complexité du résultat final.

J.-C. C. — J'imagine que cet excellent accord entre théorie et expérience suggère fortement qu'il ne s'agit pas là d'un hasard.

T. D. — Cela suggère en effet — comment pourrait-il en être autrement ? — qu'il y a là quelque chose de « vraiment vrai ».

J.-C. C. — La nature peut donc, fondamentalement, être décrite par des lois simples.

T. D. — Des lois que le cerveau humain peut comprendre, et même inventer.

J.-C. C. — Sait-on pourquoi il en est ainsi ?

T. D. — Non. La question du « pourquoi », vous l'avez dit, se pose difficilement. L'univers nous est compréhensible pour des raisons incompréhensibles. *Dixit* Einstein.

J.-C. C. — Les théories modernes de la physique nous disent donc quelque chose d'essentiel sur la réalité ?

T. D. — Sans doute. Mais d'abord un dernier mot sur le mouvement de la Lune. En effet, le problème dit « des trois corps » (le Soleil, la Terre et la Lune) a joué un rôle moteur dans l'évolution des idées en dynamique classique *et* quantique. D'un côté, le formalisme introduit par Delaunay et quelques autres a joué un rôle décisif dans les débuts de la théorie quantique. D'un autre côté, après la conception de nouvelles méthodes, notamment par Hill, le mathématicien Henri Poincaré comprit, dès la fin du XIXe siècle, qu'il était très utile d'aborder le problème de la Lune d'un nouveau point de vue mathématique, plus qualitatif que quantitatif. Et cette approche de Poincaré, dans le cas des trois corps, apporta une révolution profonde en dynamique. Elle est à la base même de la théorie du chaos. Ces exemples nous montrent bien que la résolution d'un problème difficile peut conduire à des progrès importants dans d'autres domaines de la science.

J.-C. C. — Vous parlez de chaos. Qu'est-il advenu de la crainte de Newton que le système solaire se « dérègle » ? Dieu doit-il toujours revenir, de temps à autre, avec ses outils, pour régler nos perturbations planétaires et éviter la désintégration de notre système ?

T. D. — Cela reste un problème, et la réponse en est assez subtile. Dans les années 1950-1960, d'importants travaux mathématiques, dus en particulier à Kolmogorov, Arnold et Moser, ont conclu à la stabilité du système, en présence de très petits effets perturbateurs. Mais les forces perturbatrices liées aux planètes ne sont, finalement, pas si petites que ça.

J.-C. C. — Ce qui laisse envisageable la fin du monde ?

T. D. — Ce qui laisse ouverte la possibilité d'instabilités à long terme dans le système solaire.

J.-C. C. — Il y aurait là une part de chaos ?

T. D. — Sans doute. Il nous est impossible, comme l'ont montré Wisdom et Laskar, de faire des prédictions précises sur les positions de nos planètes à très long terme.

Deux corps en mouvement

J.-C. C. — Nous en sommes à l'accord entre théorie et observation. Donnerons-nous un autre exemple ?

T. D. — Prenons celui du mouvement de deux corps en relativité générale.

J.-C. C. — Dans la théorie newtonienne, la solution théorique du mouvement de ces deux corps peut être donnée avec exactitude.

T. D. — Elle est à la portée d'un bachelier. Mais la situation est totalement différente dans la théorie einsteinienne.

J.-C. C. — Où intervient l'espace-temps.

T. D. — La loi fondamentale de la gravitation einsteinienne, beaucoup plus subtile que la loi de Newton, dit que toute distribution de masse-énergie déforme la chrono-géométrie de l'espace-temps selon une loi mathématique précise, où intervient la notion de « courbure », c'est-à-dire de différence entre une chrono-géométrie déformée et une chrono-géométrie de Poincaré-Minkowski.

J.-C. C. — Prenons, s'il vous plaît, un système simple, composé de deux corps.

T. D. — Et de préférence très denses, de deux étoiles à neutrons, par exemple, ou de deux trous noirs.

J.-C. C. — Pourquoi choisir des objets denses ?

T. D. — Parce que les objets peu denses, comme les étoiles normales, se déforment les uns les autres, ce qui complique tout.

J.-C. C. — Prenons les étoiles que vous voudrez.

T. D. — Chaque corps céleste tend à déformer l'espace-temps. Dans le cas d'un système à deux corps, ce sont donc deux déformations qui vont se superposer.

J.-C. C. — Selon la loi de Newton, les forces gravitationnelles s'ajoutent les unes aux autres.

T. D. — De façon linéaire, comme dans une addition. Mais dans la théorie einsteinienne, les deux déformations vont se combiner de façon non linéaire.

J.-C. C. — Ce qui complique évidemment les choses.

T. D. — Et ce n'est pas tout. Il faut y ajouter deux autres problèmes. Chaque déformation de l'espace-temps, considérée à un certain instant, n'est pas déterminée par la position au même instant du corps qui l'engendre, comme c'était le cas pour la loi de Newton. Cette déformation se propage à la vitesse de la lumière.

J.-C. C. — Et le second problème ?

T. D. — Les déformations dépendent donc des positions et des vitesses des corps qui sont la source de ces déformations, mais, à l'inverse, la position et la vitesse de chaque corps sont influencées par la déformation totale de l'espace-temps.

J.-C. C. — Déformation qu'ils engendrent eux-mêmes ?

T. D. — Et que l'on considère au voisinage de chaque corps. Autrement dit, non seulement le problème est non linéaire, et doit tenir compte des effets de propagation, mais en plus il se mord la queue. Là aussi, il a fallu s'y attaquer par une méthode d'approximations successives.

J.-C. C. — On a donc remplacé, en quelque sorte, la loi d'attraction de Newton ?

T. D. — On l'a remplacée par une formule mathématique compliquée qui donne avec une grande précision théorique l'accélération de chaque corps, mis en présence de son compagnon. Il a fallu la conception de nouvelles méthodes théoriques, et plusieurs années de travail (de ma collaboratrice Nathalie Deruelle et de moi-même), pour arriver à déduire cette formule des équations de base de la relativité générale.

J.-C. C. — Voici donc un résultat théorique précis dans le cadre de la théorie d'Einstein. À quels résultats expérimentaux fut-il possible de le comparer ?

T. D. — Aux résultats des observations de Joseph Taylor et de ses collaborateurs sur un « pulsar binaire ». En 1974 Joseph Taylor et son étudiant Russel Hulse découvrirent, dans notre galaxie, un système binaire de deux étoiles à neutrons, l'une des deux visible sous la forme d'un « pulsar ». Grâce à la haute qualité des observations et au fait heureux que ce pulsar binaire soit très « propre »...

J.-C. C. — C'est-à-dire ?

T. D. — C'est-à-dire qu'il ne contienne pas d'effets perturbateurs qui pourraient masquer les prédictions de la théorie d'Einstein, il fut possible de mesurer avec une très grande précision la plupart des aspects du mouvement orbital de ce système. On en conclut, en particulier, que la période orbitale devenait, après chaque orbite, légèrement plus courte.

J.-C. C. — De combien ?

T. D. — D'environ 67 milliardièmes de seconde.

J.-C. C. — Et que prévoyait le résultat du calcul théorique ?

T. D. — Exactement la même chose, à mieux que 0,3 % près.

J.-C. C. — L'accord entre la théorie d'Einstein et l'expérience est donc remarquable ?

T. D. — Et c'est un accord *dans le détail.* Il faut insister sur ce point. Nous partons d'une théorie, en l'occurrence celle d'Einstein. Après des calculs extrêmement compliqués (qui, dans ce cas-là, ont demandé plusieurs années), des éléments essentiels de cette théorie nous conduisent à formuler une prédiction.

J.-C. C. — Et cette prédiction colle à des résultats expérimentaux…

T. D. — … qui ont eux-mêmes demandé de longues années d'un travail observationnel très délicat. Ensuite, on constate qu'il y a accord entre théorie et expérience à une fraction de pour cent près. J'ajoute que ces résultats ont été confirmés par d'autres mesures, sur un autre pulsar binaire.

J.-C. C. — Il y a donc là quelque chose de « vrai ».

T. D. — Quelque chose de vrai — et de définitif — dans la description einsteinienne d'un espace-temps élastique, déformé par la présence de la matière.

Moment magnétique de l'électron

J.-C. C. — Il faudrait, bien entendu, s'interroger sur le sens du mot « vrai ». Les mots n'ont que le sens que nous leur donnons. Mais c'est là un problème sur lequel, au fond, l'humanité n'a pas fait de progrès significatifs depuis les Grecs et Confucius. Pour revenir à la question de l'adéquation entre les théories physiques humaines et les observations faites sur la nature — tout au moins sur celle qui partage le même rayon de lumière que nous —, peut-on citer un autre exemple d'accord détaillé ?

T. D. — Beaucoup d'autres. Choisissons-en un que je trouve très intéressant. Il s'agit d'un des tests les plus précis de toute la physique. Il s'inscrit dans l'électrodynamique quantique et concerne ce que nous appelons le « moment magnétique de l'électron ». Quand il est plongé dans un champ magnétique extérieur, l'électron se conduit un peu comme l'aiguille aimantée d'une boussole. La quantité qui mesure le couplage entre l'aiguille aimantée d'une boussole et le champ magnétique extérieur s'appelle le « moment magnétique » de la boussole.

J.-C. C. — Il en est de même pour l'électron ?

T. D. — Pour l'électron, son moment magnétique a été calculé théoriquement par Dirac en 1928. Son expression fait intervenir la charge, la masse et le spin de l'électron. Mais il ne s'agit là que de l'approximation la plus basse. En réalité, le moment magnétique de l'électron est modifié par un nombre considérable de processus plus compliqués où interviennent, outre l'électron et le champ magnétique extérieur, des particules élémentaires virtuelles[1].

J.-C. C. — C'est le détail.

T. D. — Si on veut. Mais c'est dans le détail, aussi bien que dans le cadre conceptuel général, que se révèlent la beauté et la profondeur de l'entreprise scientifique. Ces particules apparaissent d'une manière très éphémère avant de disparaître. Par exemple, l'électron peut émettre un photon virtuel avant d'interagir avec le champ

1. Voir page 172.

magnétique, puis réabsorber ce photon. Autre possibilité : apparaît une paire électron-positron, qui modifie l'effet du champ magnétique extérieur.

J.-C. C. — Et ainsi de suite ?

T. D. — À l'infini. Avec l'intervention de processus de plus en plus compliqués, qui modifient — même si c'est très légèrement — l'interaction de l'électron avec le champ.

J.-C. C. — Et du même coup le moment magnétique de l'électron ?

T. D. — Tout à fait. Il fallut développer — et cela prit aussi des années — un nouveau formalisme quantique relativiste pour calculer une valeur assez précise du moment magnétique de l'électron. Julian Schwinger, en 1949, donna la première approximation. D'autres suivirent, notamment Toichiro Kinoshita, améliorant le calcul du moment magnétique. Ce calcul inclut des centaines de termes, qui ont été estimés avec l'aide d'ordinateurs. Impressionnant calcul théorique, poursuivi et amélioré pendant des dizaines d'années.

J.-C. C. — Il n'y a pas de doute : les chercheurs cherchent.

T. D. — Et parfois ils trouvent. Pour le moment magnétique de l'électron, on arriva à un accord entre théorie et expérience *jusqu'à la onzième décimale*[1] ! À mon sens, c'est un des triomphes de la science.

J.-C. C. — Et cela repose sur tant de complexité, de subtilité, de confirmations et vérifications, qu'il est impossible d'imaginer que cet accord est fortuit.

---

1. Autrement dit, l'expérience confirme que la théorie est bonne à mieux que 99,999 999 999 % !

T. D. — C'est impensable. Comme dans les deux exemples précédents, le calcul du moment magnétique de l'électron montre que la réalité physique peut être comprise en détail, et qu'elle peut être l'objet d'une description rationnelle, mathématisée.

J.-C. C. — Cela n'est le cas dans aucun autre domaine de la connaissance ?

T. D. — Dans aucun. Ces exemples, qui sont relativement simples à décrire avec des mots, devraient être au moins signalés dans l'enseignement secondaire. Ils illustrent la profondeur et la signification de l'entreprise scientifique.

Difficulté du vrai

J.-C. C. — Nous sommes toujours dans une époque où les hommes s'entre-tuent pour des idées préconçues, pour des principes et des dieux imaginaires, au nom de traditions qui n'avaient pas la moindre idée que le réel pouvait être *rationnellement* décrit. C'est-à-dire décrit par notre raison. Mise devant son propre tribunal.

T. D. — Il serait bon d'insister sur cette valeur unique et irremplaçable de la science, sur le succès remarquable d'une approche rationnelle rigoureuse.

J.-C. C. — Alors qu'on fait tout le contraire.

T. D. — La science, dans ses échappées conceptuelles, peut être aussi belle que les plus hautes œuvres de la culture universelle.

J.-C. C. — Mais le débat se bloque vite, dès que pointe le spectre des applications techniques.

T. D. — Je sais bien. Et c'est grand dommage. D'un côté, la difficulté de compréhension éloigne de la science les curieux. Et de l'autre côté, les bombes nucléaires lui valent une réputation démoniaque. Et pourtant, la possibilité de comprendre rationnellement l'univers est un fait.

J.-C. C. — Le vrai est avéré.

T. D. — Et si ce fait, initié par l'école de Pythagore, repris par Newton et tant d'autres, puis par la science du XXe siècle, était plus largement connu, peut-être vivrions-nous dans un monde intellectuellement plus sain.

J.-C. C. — Au lieu de continuer à nous enliser dans l'astrologie, la numérologie, les croyances de toutes sortes.

T. D. — Qui ont le mérite d'être faciles.

J.-C. C. — Oui, il est facile de croire que nous appartenons au peuple élu, que notre prophète a parlé aux anges, que nous sommes les seuls à détenir la « vérité », et les seuls qui seront sauvés. Il est plus que facile, il est enfantin d'aller se faire tirer les cartes ou d'avaler les âneries d'un astrologue. Mais il est difficile, très difficile, de calculer avec précision le moment magnétique de l'électron.

T. D. — Peut-être devrions-nous faire l'éloge de la difficulté ?

J.-C. C. — À condition que la lecture en soit facile.

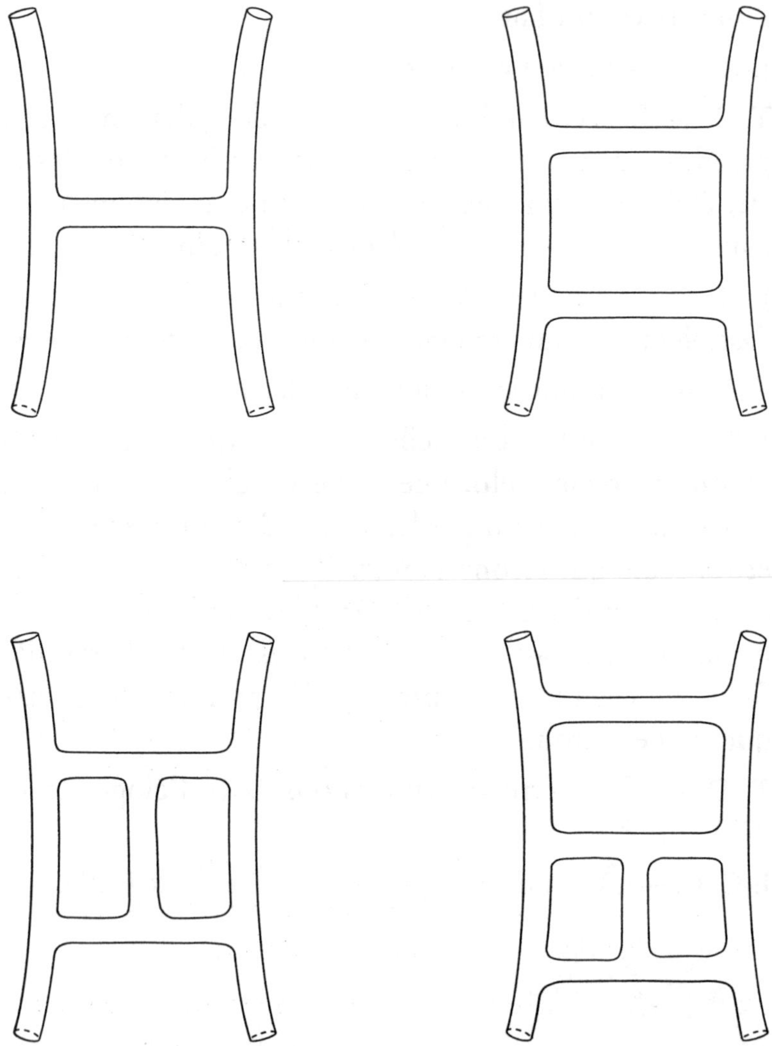

Bifurcations/interactions de cordes quantiques.

7

VERS UNE THÉORIE DU MONDE

JEAN-CLAUDE CARRIÈRE — Dans la seconde moitié du XXe siècle, la science n'a cessé de chanter victoire. Et sans doute à juste titre. Jamais elle n'avait pu rendre compte, avec autant de précision, des phénomènes naturels, depuis la danse invisible des atomes jusqu'à l'inexorable expansion de l'univers. Avec ce paradoxe, que nous avons déjà évoqué : c'est dans cette même période que l'enseignement de la science a régressé, laissant ouvert un vaste territoire que l'ignorance s'empresse d'envahir.

THIBAULT DAMOUR — Le plus surprenant, dans cette période, est que je ne connais aucun exemple où l'explication scientifique ait été prise en défaut.

J.-C. C. — Où l'observation ait démenti une théorie ?

T. D. — Une théorie fondamentale bien définie. Sans ambiguïté.

J.-C. C. — Que veut dire, dans ce cas-là, le mot « ambiguïté » ?

T. D. — La prédiction théorique est ambiguë quand elle dépend de structures profondes de la physique que nous ne connaissons pas encore.

J.-C. C. — Est-ce dire que tout est satisfaisant, dans cette mirifique physique du XXe siècle ?

T. D. — Loin de là.

J.-C. C. — Dites-moi tout.

Des questions gênantes

T. D. — D'abord, dans la théorie quantique des particules, nous voyons quelque chose de compliqué, d'apparemment arbitraire, à la limite du baroque. L'idée de base — la superposition des chemins d'espace-temps — est simple et élégante, mais la structure intime des particules, leurs bifurcations, branchements et interactions, manque terriblement d'élégance et de simplicité.

J.-C. C. — À nos yeux.

T. D. — Bien sûr.

J.-C. C. — La simplicité et l'élégance sont des notions humaines. L'univers n'en a que faire.

T. D. — Disons-le autrement. Disons que notre ambition rationnelle se heurte à des questions sans réponse.

J.-C. C. — Lesquelles ?

T. D. — Pourquoi certaines particules possèdent-elles tel ou tel spin 1/2, 1 ou plus rarement 0 ? Qu'est-ce qui détermine la masse des particules ? Pourquoi l'électron est-il 400 000 fois plus léger que le quark top ? Entre ce dernier, le quark top, qui est la plus lourde de toutes les particules connues, et le neutrino, la plus légère, on trouve un écart de grandeur de l'ordre de 10^{14}. Un 1 suivi de 14 zéros. C'est gigantesque.

J.-C. C. — De tels écarts de poids dans le domaine de l'impondérable !

T. D. — L'infiniment petit se déploie comme un territoire infiniment complexe et infiniment diversifié.

J.-C. C. — Qui semble toucher à l'inexistant, au virtuel.

T. D. — Un virtuel qui cependant nous compose, nous et notre monde. Si nous en venons aux bifurcations, autres questions : qu'est-ce qui les détermine ? Pourquoi la nature a-t-elle sélectionné trois types de particules de spin 1, le préphoton, le faiblon et le gluon ? Ces trois types de particules sont associés à trois types de structures mathématiques : trois « groupes de Lie », comme disent les mathématiciens. Mais il existe un nombre *infini* de groupes de Lie différents. Pourquoi la nature n'en a-t-elle choisi que trois ? Et pourquoi ces trois-là ?

Et une difficulté majeure

J.-C. C. — Vous avez évoqué un autre problème, celui de l'incompatibilité entre les deux sommets de la physique du XXe siècle, la relativité générale et la théorie quantique.

T. D. — Cette incompatibilité est même double. Elle est à la fois conceptuelle et technique. Elle tient d'abord à deux conceptions radicalement différentes de l'espace-temps. Quand nous parlons des particules, nous les imaginons évoluant sur un espace-temps plat, absolu et rigide.

J.-C. C. — Toile de fond qui est résolument contraire à ce que nous dit la relativité générale, laquelle présente l'espace-temps comme un milieu dynamique.

T. D. — Dynamique, élastique, à quatre dimensions, déformé par la présence de matière, et pouvant contenir des ondes de déformation.

J.-C. C. — Cependant les équations d'Einstein ne peuvent pas faire place au flou, à une superposition de configurations différentes.

T. D. — En effet. Il faut, pour que ces équations soient bien définies — celles qui commandent la relativité générale —, que la distribution de masse-énergie, liée à la matière et aux forces qui la parcourent, soit définie de façon *unique*, d'une manière préquantique, classique. Et c'est là le hic.

J.-C. C. — A-t-on essayé de concilier les deux théories ?

T. D. — Naturellement. On a d'abord essayé de décrire d'une manière quantique l'espace-temps courbe d'Einstein, de le décrire lui-même comme « flou », comme une superposition d'une infinité de configurations possibles. Dans les cas les plus extrêmes — le Big Bang, les trous noirs, un éventuel *Big Crunch* caché à l'intérieur d'un trou noir —, cette description quantique de l'espace-temps est conceptuellement si délicate que l'on ne sait pas comment procéder.

J.-C. C. — Et dans les cas moins extrêmes ?

T. D. — Quand la densité de masse-énergie liée à la matière — à la matière quantique — est si faible qu'elle n'entraîne qu'une légère déformation de l'espace-temps, alors on peut commencer à formuler une théorie quantique de la gravitation.

J.-C. C. — Réunissant les deux théories opposées.

T. D. — Et comme c'est toujours le cas en théorie quantique, une interaction, ici gravitationnelle, nécessite une nouvelle particule, que nous appelons le *graviton.*

J.-C. C. — Peut-on préciser sa masse, son spin, et toutes les possibilités qu'il présente d'interagir avec d'autres particules ?

T. D. — Sans ambiguïté. D'abord, comme la théorie d'Einstein prédisait que la gravitation se propage sous forme d'ondes à la vitesse de la lumière, on trouve que la masse du graviton est nulle, comme celle du photon. Ensuite, en utilisant les propriétés théoriques connues des ondes gravitationnelles classiques, on trouve que le spin du graviton est fixé à 2.

J.-C. C. — Et pour les interactions ?

T. D. — Les équations d'Einstein fixent — et cela d'une manière unique — toutes les possibilités de branchement du graviton avec toutes les autres particules. Ainsi en arrive-t-on à une théorie quantique du graviton.

J.-C. C. — Lequel peut donc interagir avec toutes les particules connues.

T. D. — En principe. Mais nous nous heurtons ici à un très sérieux problème. Quand nous essayons de calculer une amplitude quantique, n'importe laquelle, en tenant compte des processus compliqués où apparaissent des gravitons émis et réabsorbés par la même particule, ou des gravitons virtuels, se livrant à toutes sortes de *loopings* dans l'espace-temps, nous trouvons que le résultat de notre calcul nous donne une quantité infinie.

J.-C. C. — Ce qui n'est pas le cas pour les autres particules ?

T. D. — Si. Pour les particules de spin 0, 1/2 et 1, on voit également apparaître des quantités infinies. Mais nous pouvons, par un procédé mathématique défini sans ambiguïté, les ramener à un résultat fini. Par exemple, le calcul du moment magnétique de l'électron fait apparaître des quantités infinies. Mais, après application de ce procédé mathématique (appelé « renormalisation »), on obtient une prédiction finie qui s'accorde de manière très convaincante avec l'expérience.

J.-C. C. — Mais ça ne marche pas avec le graviton ?

T. D. — Ça ne marche pas dans le cas d'interactions mettant en œuvre des gravitons virtuels. La renormalisation de la théorie ne fonctionne plus. Sérieux échec.

J.-C. C. — Il y aurait donc incompatibilité profonde entre la théorie de la gravitation d'Einstein et la théorie quantique ? Entre les deux merveilles de la physique du XXe siècle ?

T. D. — Oui. Et cela constitue un vrai scandale pour l'esprit.

J.-C. C. — Les deux théories sont vraies, mais elles sont incompatibles.

Des cordes et du vide

T. D. — Une seule théorie, aujourd'hui, semble réussir à dépasser cette incompatibilité. Elle apporterait aussi une réponse à l'autre insatisfaction profonde, la première, celle qui est due à l'aspect compliqué, « baroque », apparemment arbitraire de la théorie quantique.

J.-C. C. — Il s'agit, j'imagine, de la « théorie des Cordes » ?

T. D. — Précisément. Elle est encore en construction. De nombreux théoriciens, dans le monde entier, y travaillent depuis qu'elle a été initiée en 1968, par un travail fondateur de Gabriele Veneziano. La théorie est très riche. Chaque année, nous en découvrons un aspect nouveau, qui modifie la définition même de la théorie.

J.-C. C. — Elle sera la théorie du XXIe siècle ?

T. D. — C'est probable. Elle contient déjà, en germe, des structures remarquables, et des propriétés physiques fascinantes.

J.-C. C. — Peut-on essayer de l'exposer ? D'en donner un instantané ?

T. D. — Reprenons le point de départ de la théorie quantique. Il est analogue, au fond, à la formule des atomistes grecs : « des atomes et du vide ». En termes d'aujourd'hui : des particules ponctuelles décrivant des lignes dans un cadre donné, qui est un fond d'espace-temps.

J.-C. C. — Mais en remplaçant le mouvement unique, comme vous me l'avez expliqué, par une superposition de toutes les configurations possibles.

T. D. — Entre un point de départ et un point d'arrivée, la somme des « couleurs » de toutes les configurations intermédiaires possibles donne l'« amplitude d'existence », rappelez-vous, de la configuration finale.

J.-C. C. — Que dit, aujourd'hui, la théorie des cordes ?

T. D. — Elle modifie la formule des atomistes grecs en disant quelque chose comme : « des cordes et du vide ». Dans son état actuel, cette théorie a encore besoin de présupposer, comme cadre de fond, un espace-temps donné *a priori*, disons un espace-temps plat de Poincaré-Minkowski. Et la modification essentielle qu'elle apporte consiste à prendre, comme objets élémentaires décrivant la réalité, non plus des « particules » (dont l'état est déterminé, à chaque instant, par une position dans l'espace), mais des « cordes », c'est-à-dire des objets qui s'étendent le long d'une ligne.

J.-C. C. — La représentation spatiale, à un moment donné de la réalité, n'est plus un nuage de points ?

T. D. — Non. Elle est un ensemble de lignes dans l'espace. Ces lignes peuvent être refermées sur elles-mêmes (elles sont dites alors « cordes fermées ») ou se terminer par deux extrémités (« cordes ouvertes »). Si nous passons de cette description dans l'espace, à un instant donné, à une description dans l'espace-temps, nous devons empiler, comme dans un jeu de cartes, des configurations spatiales le long de la dimension temporelle. Quand il s'agissait de particules, nous avions des lignes d'espace-temps. Avec les cordes, nous avons des *surfaces d'espace-temps.*

Des dimensions inconcevables

J.-C. C. — Qu'est-ce que ça change ? Quelle est l'action associée à ces surfaces d'espace-temps ?

T. D. — Dans le cas des particules et des lignes, rappelez-vous, il fallait, pour définir l'action, introduire d'abord un « sur-temps », aussi appelé « temps propre ». Dans le cas du mouvement d'une corde dans l'espace-temps, nous devons introduire, en plus du temps propre, un autre paramètre, disons la « longueur propre », susceptible de décrire l'extension spatiale de la corde.

J.-C. C. — Tout cela s'exprime, j'imagine, à coups d'équations.

T. D. — Impossible de le dire autrement. C'est par une équation que nous devons décrire la surface d'espace-temps tracée par la corde. Équation qui fait intervenir comme variables le temps propre et la longueur propre.

J.-C. C. — Ensuite, peut-on écrire l'action associée à une surface d'espace-temps ?

T. D. — Cette action est donnée par une généralisation assez simple de l'action d'une ligne d'espace-temps.

J.-C. C. — Cette simplification, pouvons-nous la donner ici ? Pouvons-nous mettre toute la théorie des cordes dans une note ? Autrement dit, le monde en bas de page ?

T. D. — Nous pouvons le faire, sous la forme donnée par Sacha Polyakov[1]. Cette action fait aussi intervenir la « tension de la corde ».

J.-C. C. — Pour reproduire la réalité, il faut donc maintenant faire intervenir une tension ?

T. D. — Dont nous ne connaissons pas précisément la valeur. Mais elle est certainement très considérable, de l'ordre (en comptant en tonnes) de 10 à la puissance 37. Imaginez un 10 suivi de 36 zéros.

J.-C. C. — Impressionnant.

T. D. — Mais plus important encore est ce qui correspond à ces unités de force en *unités de longueur*. Et plus impressionnant, mais dans l'autre sens, vers le minuscule. En théorie quantique, l'action apparaît toujours divisée par la constante de Planck modifiée que nous avions notée h'. Si nous essayons, en partant de là, de définir la « longueur fondamentale » de la théorie des cordes, on voit qu'elle est extrêmement petite. Sa valeur est de l'ordre de 10^{-32} centimètres.

J.-C. C. — Moins 32 ?

T. D. — Si je vous rappelle que la taille d'un proton est de l'ordre de 10^{-14} centimètres, nous voyons que la

---

1. Cette action est simplement l'intégrale sur le temps propre et la longueur propre de $T\,(X_t^2 - X_s^2)/2$, où T est la tension de la corde, X_t la dérivée de la position d'espace-temps par rapport au temps propre t et X_s sa dérivée par rapport à la longueur propre.

longueur fondamentale de la théorie des cordes est de 18 ordres de grandeur plus petite qu'un proton.

J.-C. C. — Un milliard de milliards de fois plus petite ?

T. D. — Voilà.

J.-C. C. — Le mot « petit » n'a même plus de sens. Nous sommes égarés dans ces dimensions-là. Elles nous sont inconcevables.

T. D. — Mais elles ne sont pas incalculables.

J.-C. C. — Peut-on les observer ? Peut-on imaginer qu'on puisse construire un accélérateur de particules capable de les sonder ?

T. D. — C'est extrêmement difficile. Et pourtant la théorie des cordes prédit, potentiellement, beaucoup de phénomènes nouveaux, par rapport aux théories standard, que l'on pourrait observer sur des échelles de distance plus accessibles.

J.-C. C. — Au fond, quels avantages présente cette nouvelle théorie ?

T. D. — Le premier avantage se constate quand on commence à étudier le processus le plus simple, la propagation quantique d'une seule corde ouverte ou fermée. En mettant en œuvre le principe fondamental de superposition de toutes les configurations possibles, on démontre que la propagation quantique d'une seule corde est équivalente à la propagation quantique d'un *nombre infini de particules*. Un certain nombre d'entre elles, un nombre fini, ont une masse nulle. Autrement dit, elles correspondent à des champs qui se propagent à la vitesse de la lumière.

J.-C. C. — Et les autres ?

T. D. — Nous trouvons ensuite une « tour » infinie de particules qui sont de plus en plus massives[1]. Chacune d'elles possède une polarisation interne (un spin) qui devient de plus en plus compliquée tandis que la masse des particules augmente.

J.-C. C. — Cela grâce à la théorie des cordes ?

T. D. — Oui. Et la beauté de ce résultat est qu'il fournit (en principe) une explication aux mystérieuses polarisations internes des particules. Au mystère du photon, par exemple.

J.-C. C. — Quel est ce mystère ?

T. D. — Le photon est de spin 1. Sa polarisation est décrite par un vecteur. Il semblait toujours assez bizarre de visualiser un photon comme une simple ligne dans l'espace-temps, alors que nous savions qu'il « contenait » aussi « quelque chose » qui vibrait dans une certaine direction. Aussi était-il tentant de vouloir donner une certaine épaisseur à cette ligne d'espace-temps, pour rendre compte de ce qui vibrait secrètement à l'intérieur.

J.-C. C. — Et la théorie des cordes a dissipé ce mystère ?

T. D. — Elle suggère que cette polarisation est due à une vibration, ou à une rotation, d'une corde étendue, ce qui confirme l'intuition que la polarisation correspond bien à une structure interne. Plus généralement,

---

1. La plus petite masse non nulle est donnée par la tension de la corde et la constante de Planck. Elle est de l'ordre du microgramme, ce qui est énorme pour une particule : un milliard de milliards de fois la masse du proton.

en raison de sa tension, une corde peut vibrer d'une infinité de façons, un peu comme une corde de piano, ou de violon, qui connaissent une infinité de modes de vibration.

Vibrations et rotations des cordes

J.-C. C. — J'imagine que les vibrations des cordes fondamentales de la matière sont encore plus complexes.

T. D. — Pas vraiment. Mais une différence importante est que les cordes fondamentales (contrairement à celles d'un piano ou d'un violon) sont conçues comme ayant, au repos, une longueur nulle. Prenons un ruban élastique ordinaire. Au repos, il est flasque, il a une tension nulle, et ne peut pas vibrer.

J.-C. C. — Mais une longueur non nulle.

T. D. — Si nous tirons sur ce ruban, à deux mains, il acquiert une tension interne, il s'allonge et il peut se mettre à vibrer.

J.-C. C. — Une corde fondamentale, au repos, aurait une longueur rigoureusement nulle ?

T. D. — Classiquement, oui. Mais si on tire dessus, avec une force égale à la tension dont nous avons parlé, on peut réaliser une corde aussi longue qu'on veut.

J.-C. C. — Donc, la corde fondamentale ne peut pas exister en l'absence d'un agent extérieur « tirant sur les extrémités » ?

T. D. — Si, mais à condition qu'elle « bouge ». En gros, ce sont les forces centrifuges, qui apparaissent quand une corde tourne et vibre, qui engendrent la tension nécessaire à « étirer » la corde, à lui donner une longueur. Et le principe d'incertitude de Heisenberg garantit qu'une corde quantique ne peut jamais être complètement au repos, qu'elle est toujours dans un état de vibration minimum, associé à une longueur moyenne non nulle.

J.-C. C. — Quel type de mouvements observe-t-on ?

T. D. — Un des plus simples, pour une corde ouverte, est un mouvement de rotation d'ensemble autour de son « centre de gravité », avec une vitesse angulaire telle que les extrémités atteignent la vitesse de la lumière. Cet état de rotation correspond à un état de polarisation « circulaire » d'un photon, où le vecteur tourne sans arrêt dans le même sens.

J.-C. C. — Une rotation incessante : tel serait l'état de la lumière ?

T. D. — Un rayon de lumière est « réalisé », dans la théorie nouvelle, par une corde en mouvement hélicoïdal.

J.-C. C. — Il ne s'agit, j'imagine, que d'une représentation ?

T. D. — Bien sûr. Que nous ne devons pas prendre trop au sérieux. Car les rotations et vibrations des cordes doivent être vues, non pas comme des mouvements newtoniens bien définis dans l'espace et le temps, mais comme des superpositions floues.

J.-C. C. — Et quoi d'autre ?

T. D. — Je peux vous parler d'un deuxième résultat de la théorie des cordes, qui concerne cette fois les cordes qui se referment sur elles-mêmes, comme des boucles. Dans ce cas-là, il existe toujours un mode de propagation qui équivaut à une particule de masse nulle et de spin 2, c'est-à-dire au *graviton*, lequel est la version quantique, nous l'avons vu, du champ gravitationnel einsteinien.

J.-C. C. — On peut visualiser cette propagation ?

T. D. — Oui, par le même mouvement hélicoïdal que dans le cas d'une corde ouverte, si la corde avec extrémités (corde ouverte) est remplacée par une corde sans extrémités (corde fermée), un peu comme un trombone replié sur lui-même.

J.-C. C. — Cette théorie quantique des cordes — dernier état de nos théories sur la matière — doit contenir un nombre infini de modes de propagation ?

T. D. — Qui correspondent chacun à une particule dotée d'une certaine masse et d'un certain spin. Le problème est que l'immense majorité des particules qui correspondent aux modes de vibration des cordes ont des masses supérieures ou égales à la « masse fondamentale ». Cette masse peut être un milliard de milliards de fois celle du proton. Masse — et par conséquent énergie — si élevée pour une particule élémentaire qu'il est inconcevable de la produire dans un accélérateur.

J.-C. C. — Si toutes les particules décrites par les excitations quantiques des cordes avaient une masse de cet ordre…

T. D. — … la théorie des cordes n'aurait aucun intérêt. Elle n'aurait rien à voir avec les particules que l'on observe, qui ont soit une masse nulle (photon, faiblon, gluon, graviton), soit une masse « presque nulle » comparée à la masse fondamentale des cordes. Pour que la théorie puisse être prise au sérieux (comme théorie unifiant toutes les interactions, toute la matière), il se pose une question préliminaire qui est essentielle. Il faut savoir combien, et à quelles conditions, la théorie prédit de particules de masse nulle — et avec quelle polarisation elles apparaissent.

J.-C. C. — C'est compliqué ?

T. D. — À coup sûr. Mais un des aspects les plus remarquables de cette théorie, qui la rend très différente des autres (relativité générale ou théorie quantique relativiste des particules) est qu'elle se présente avec *infiniment moins d'arbitraire.*

Une structure contrainte

J.-C. C. — La masse, les polarisations et les divers types de branchements, autrement dit de bifurcations, restaient donc arbitraires dans la théorie des particules ?

T. D. — Et tout aussi arbitraire était l'espace-temps. L'observation commune montre qu'il y a trois dimensions d'espace et une de temps.

J.-C. C. — Soit quatre dimensions pour l'espace-temps.

T. D. — Mais pourquoi quatre ? Rien ne nous l'indique *a priori*. La situation est complètement différente dans la théorie des cordes. La structure logique de cette théorie est si *contrainte* qu'elle détermine, d'une manière presque unique, toutes les autres structures, physiques et mathématiques, qui interviennent dans la théorie.

J.-C. C. — Sans entrer dans la subtilité des raisonnements et calculs, peut-on donner un exemple de cette *contrainte* ?

T. D. — Le premier est tout à fait surprenant. La contrainte nous dit que la théorie n'est mathématiquement et physiquement cohérente que si la dimension de l'espace-temps est égale à 26.

J.-C. C. — Au lieu de 4 ?

T. D. — On trouve ensuite que, dans cette nouvelle dimension d'espace-temps, il y a nécessairement des particules de masse nulle, en particulier des photons (de spin 1) et un graviton (de spin 2). Ainsi, la théorie des cordes « prédit » l'existence de champs qui sont effectivement observés dans la nature : comme le champ électromagnétique et le champ gravitationnel.

J.-C. C. — Et pour les fameuses bifurcations ?

T. D. — Dans les théories usuelles, il faut « ajouter à la main », pour ainsi dire, la possibilité de bifurcations de lignes d'espace-temps.

J.-C. C. — Correspondant à des interactions entre particules.

T. D. — Exactement. Tandis que dans la théorie des cordes ces bifurcations sont automatiquement présentes. Elles sont en fait décrites par la même action, une action finalement très simple, qui décrit la propagation d'une seule corde.

J.-C. C. — Toutes les bifurcations possibles sont donc automatiquement prédites ?

T. D. — Et cela veut dire que la théorie prédit non seulement quelles sont les particules qui existent, mais aussi toutes leurs interactions. Elle prédit, entre autres, non seulement l'existence de photons et d'un graviton, mais aussi, en détail, quelle est la théorie des champs qui décrit l'interaction de ces photons et gravitons non seulement avec eux-mêmes, mais avec les autres particules. Ainsi les interactions gravitationnelles, dans la théorie des cordes, contiennent toute la théorie de la relativité générale[1].

J.-C. C. — Qu'en est-il de l'espace-temps de fond vide et rigide ?

T. D. — Il est, répétons-le, le point de départ de la théorie : *des cordes et un espace-temps vide et rigide,* dit *de Poincaré.* Mais la « magie » de la théorie quantique de ces cordes engendre des déformations de cet espace-temps qui correspondent à l'espace-temps élastique d'Einstein.

J.-C. C. — En langage simple, que pourrait-on dire ?

T. D. — En termes non pas scientifiques mais intuitifs, évocateurs, cela conduit à *penser l'espace-temps d'Einstein comme une « soupe » de cordes quantiques en mouvement.*

J.-C. C. — La théorie des cordes est donc la première théorie quantique qui incorpore la théorie d'Einstein ?

T. D. — Et qui donne des résultats calculables, non ambigus, pour n'importe quel processus où apparaissent des gravitons virtuels. Le calcul de l'amplitude quantique de tels processus donne, à chaque approximation, une quantité finie.

---

1. Voir page 194.

J.-C. C. — Elle a d'autres propriétés ?

T. D. — Certes. Et elle pose aussi de nouveaux problèmes.

J.-C. C. — Est-il possible d'en parler ici ?

T. D. — Nous pouvons essayer, bien que cela soit un peu technique. D'abord, cette théorie contient une particule, le *tachyon*, dont le carré de la masse (m^2) est un nombre négatif.

J.-C. C. — Cela paraît absurde.

T. D. — Pour toutes les particules physiques, le carré de la masse est en effet supérieur ou égal à zéro. Cette particule bizarre, ce tachyon, correspond en fait à une instabilité de la théorie.

J.-C. C. — À quelque chose de mal assuré ?

J.-C. C. — Qui demande en tout cas une définition plus raffinée. Le deuxième défaut, encore plus gênant, est que cette théorie ne met en œuvre que des particules dont le spin est un nombre entier (0, 1, 2), particules appelées *bosons*.

J.-C. C. — Elle ne contient aucune particule de spin 1/2, ou 3/2 ?

T. D. — Aucune de celles que nous appelons *fermions*.

J.-C. C. — Mais la majorité de la matière, autour de nous et en nous, n'est-elle pas faite d'électrons, de protons, de neutrons ?

T. D. — Parfaitement. De particules de spin 1/2, qui satisfont au principe d'exclusion de Pauli.

J.-C. C. — Comment, dès lors, expliquer le monde tel qu'il est ?

Super

T. D. — Il se trouve que ces deux défauts de la théorie des cordes la plus simple sont reliés et que (à la suite des travaux de Pierre Ramond, André Neveu, John Schwarz, Joël Scherk et Michael Green) on a pu définir une version plus sophistiquée. On l'appelle la *théorie des Super-Cordes*, et, cette fois, elle prédit l'existence d'autant de fermions que de bosons.

J.-C. C. — J'imagine qu'il est supercomplexe de définir cette superthéorie ?

T. D. — Ici je dois admettre, pour la première fois, qu'il est difficile de définir en détail cette théorie. Disons que le point de départ fondamental de cette nouvelle théorie est qu'elle considère comme toile de fond, pour la propagation des cordes, un « superespace-temps », dont certaines dimensions sont décrites par des nombres réels ordinaires et d'autres par ce qu'on appelle des nombres *anticommutants*, qui ont des propriétés très étranges (par exemple, le carré d'un tel nombre est nul).

J.-C. C. — La théorie des supercordes considère donc des cordes qui se déplacent dans un « superespace-temps » ?

T. D. — Du même coup, la définition des superpositions de configurations de supercordes dans le superespace-temps, et la définition de la somme correspondante d'amplitudes d'existence, sont plus sophistiquées que dans le cas des cordes simples.

J.-C. C. — Cette théorie conduit à des superrésultats ?

T. D. — À des résultats remarquables. D'abord, la structure logique y est encore plus contrainte que dans la théorie des cordes.

J.-C. C. — L'arbitraire s'éloigne.

T. D. — Presque toute la structure de la théorie est fixée. Nous devrions dire : des théories.

J.-C. C. — Il y en a plusieurs ?

T. D. — Il y en a cinq possibles. Chacune présente une structure complètement fixée, et elles ont comme résultat commun que la dimension de l'espace-temps doit valoir 10. Elles prédisent toutes l'existence d'un nombre fini de particules de masse nulle, augmenté d'un nombre infini de particules massives. Elles prédisent toutes qu'il doit exister un *graviton* dont les interactions avec la matière reproduisent, selon l'approximation la plus basse, toute la structure de la théorie d'Einstein.

J.-C. C. — Le mariage entre relativité générale et théorie quantique est donc conclu ?

T. D. — Il semble bien. La théorie des supercordes permet de réconcilier, de façon finie et calculable, la gravitation et la théorie quantique.

J.-C. C. — Ouf !...

T. D. — Comme vous dites.

Une théorie invisible

J.-C. C. — Permettent-elles de comprendre pourquoi la matière contient un photon, trois faiblons et huit gluons ?

T. D. — Pas encore dans le détail, mais les théories de supercordes apportent enfin des contraintes très fortes sur les « groupes de Lie » possibles, décrivant les interactions des particules de spin 1 qu'elles contiennent.

J.-C. C. — Et que pense-t-on de la prédiction selon laquelle l'espace-temps a 10 dimensions, au lieu des 4 que nous connaissons ?

T. D. — Ce désaccord apparent n'effraye pas les théoriciens. Ceux-ci savent depuis longtemps que les phénomènes naturels que nous observons ne sont que la pointe émergée d'un iceberg.

J.-C. C. — Dont l'essentiel reste inobservable ?

T. D. — Disons invisible. Dès les années 1920, des théoriciens imaginatifs, Théodore Kaluza et Oskar Klein, avaient proposé que la dimension réelle de l'espace-temps soit 5 (4 dimensions d'espace et 1 de temps). Ils indiquaient que la direction spatiale supplémentaire pouvait se refermer sur elle-même, et cela sur des distances si courtes qu'elle serait pratiquement invisible. Une feuille de papier infinie, mais roulée en cylindre comme du papier à cigarette, nous donne une image assez parlante de ce phénomène. Pour un insecte qui vivrait sur cette feuille enroulée sur elle-même, l'espace serait infiniment étendu dans une direction, et refermé sur lui-même dans l'autre.

J.-C. C. — Et si cet insecte est myope, il ne verra que la grande dimension. Il ne pourra pas voir la dimension refermée sur elle-même, qui le ramène en permanence au même point.

T. D. — Il est donc tout à fait possible que notre espace ait 9 dimensions.

J.-C. C. — À condition, si je comprends bien, que les six dimensions supplémentaires soient refermées sur elles-mêmes ?

T. D. — Et sur des distances si courtes, si indiscernables, qu'elles restent invisibles à tous nos instruments d'observation. Parmi ceux-ci, il faut compter les accélérateurs de particules, qui agissent comme des microscopes quand il s'agit de « voir » la structure de l'espace sur de petites distances.

J.-C. C. — Une théorie peut donc être invisible ?

T. D. — Ou peut-être n'en voit-on qu'un tout petit morceau. Nous prévoyons en tout cas que la totalité de l'iceberg est plus grande que ce que nous en voyons.

J.-C. C. — Le contraire serait étonnant.

T. D. — Un dernier point, qui là aussi peut conduire au vertige. Il concerne le nombre de particules dont la théorie prévoit l'existence. Elle prédit en effet l'existence d'une « tour » infinie de particules, de masses de plus en plus grandes. Considérons par exemple la version de la théorie des supercordes découverte par David Gross et ses collaborateurs. Au seul niveau 0 (c'est-à-dire pour les masses nulles) de la tour, la théorie prévoit l'existence de 8 064 états de particules.

J.-C. C. — Chiffre plus élevé que tout ce qu'on connaissait.

T. D. — Beaucoup plus élevé ! Mais il n'y aurait de contradiction *a priori* que si ce chiffre était plus bas ! Et si nous montons dans les premières particules massives, « au cran au-dessus », à ce seul cran, nous en sommes déjà à 18 883 584 états de particules ! Après quoi, l'augmentation est exponentielle. Assez vite, le nombre d'états particulaires devient inimaginablement élevé !

J.-C. C. — C'est une tour arithmétiquement infernale. Mieux vaut rester au rez-de-chaussée.

T. D. — Si vous voulez. Mais ce n'est pas notre décision qui arrêtera les particules.

LES ÉTONNEMENTS D'UN VOYAGE

JEAN-CLAUDE CARRIÈRE — À la fin d'un voyage, il est d'usage de le raconter, d'en dire au moins les points marquants, ceux que nous pensons ne jamais oublier.

THIBAULT DAMOUR — Certains montrent des photos, des films.

J.-C. C. — Que leurs amis font semblant de regarder. Ensuite, lentement, les souvenirs se dispersent et s'effacent. Le voyage n'est plus qu'une vieille enveloppe au fond d'un tiroir. Nos émerveillements deviennent moisissures.

T. D. — Que faire, pour préserver le nôtre ?

J.-C. C. — D'abord ce livre. C'est au moins ça. Et peut-être, avant de le clore, pourrions-nous dérouler un dernier dialogue, même désordonné, pour tenter d'établir quelques points de repère.

T. D. — La projection de nos diapos, devant nos amis.

J.-C. C. — Devant ceux qui nous ont suivis jusqu'ici. Et j'ai d'abord une question : *où* s'est déroulé ce voyage ? Dans quel territoire ?

T. D. — Dans celui qui est commun à toutes choses existantes. Dans notre matière. Pour en revenir à ce que vous disiez de nos humiliations successives (Copernic, Darwin, Freud), nous avons découvert, avec certitude, que rien ne nous distingue fondamentalement du reste du monde. Que nous sommes homogènes à tout.

J.-C. C. — Non seulement aux animaux, comme Darwin nous l'a enseigné, mais à la boue et aux étoiles.

T. D. — Aux gaz, aux galaxies, aux nuages interstellaires, à la lumière. À tout ce que nous pouvons étudier. À tout ce que nous pouvons dire.

J.-C. C. — Dans notre très mince faisceau.

T. D. — Mais avec le sentiment que ce faisceau est une réduction du monde, et qu'il en existe une infinité d'autres. Pour mieux dire : une infinité d'états du monde.

J.-C. C. — Dont un seul nous est perceptible.

T. D. — C'est cela.

Matière légère

J.-C. C. — Un voyage donc, dans la matière. Dans ce que nous sommes. Bizarrement, la première impression que je retire est à l'opposé de celle que produit sur nous, traditionnellement, le mot *matière*. Celle-ci est toujours sentie comme compacte, lourde, inerte et encombrante. Il me semble au contraire que notre voyage a été léger.

T. D. — À la fin du XIXe siècle, la physique était encore très lourde. Elle nous apparaissait sous la forme de grosses machines, de hauts-fourneaux, d'usines noires. Tout au long du XXe siècle, elle n'a cessé de s'alléger.

J.-C. C. — Pour finir dans l'impondérable.

T. D. — Même si d'énormes ensembles expérimentaux se construisent encore, comme les grands accélérateurs de particules, il est vrai que nous travaillons aujourd'hui directement sur l'invisible.

J.-C. C. — Sur le plus que léger, sur des objets de masse nulle ou presque nulle. Légèreté extraordinaire des neutrinos, par exemple, qui nous traversent par millions de milliards à chaque seconde, sans qu'il nous soit possible de les arrêter, ni de les percevoir.

T. D. — Notre technologie elle-même s'allège. Nous avons des téléphones portables, qui n'ont plus besoin de fils, ni de prises.

J.-C. C. — Sinon pour se recharger.

T. D. — D'une manière générale — regardez les usines nouvelles, les aéroports —, notre monde est plus net, plus fin, plus clair que le monde industriel ancien. Pour employer un mot heideggérien, l'*étant* est en effet incomparablement plus léger qu'autrefois.

J.-C. C. — Du moins en apparence. L'*étant* est devenu *design*.

T. D. — Si vous voulez.

J.-C. C. — Et en ce qui concerne l'Être ?

T. D. — Pour les questions métaphysiques fondamentales, je ne pense pas que la science moderne ait changé la donne de façon essentielle. Mais elle nous oblige à penser le monde, et nous-mêmes, d'une façon renouvelée. Révolution conceptuelle qui pourrait avoir, un jour, un impact philosophique important.

J.-C. C. — Nombreux sont les analystes professionnels, ou tout simplement les observateurs, qui nous disent précisément qu'à ce niveau-là, lorsqu'il est question de notre *Être*, nous devenons au contraire plus obscurs, plus tortueux. Nos usines sales sont à l'intérieur, sous un vernis de propreté. Nos ordinateurs, transparents et minces, ne sont qu'un leurre.

T. D. — Cela fait aussi partie de nos souvenirs de voyage, que nous le voulions ou non, même si nous n'avons pas visité les territoires de la philosophie, de la psychologie.

Vivants, donc instables

J.-C. C. — À cette légèreté — deuxième diapo — j'ajouterais — autre surprise de la matière dans son intimité naguère masquée sous la lourdeur — l'instabilité. Cela m'a beaucoup frappé, en particulier quand vous avez parlé de la théorie de Fermi, et de l'apparition d'un électron « venu de rien ».

T. D. — Cette instabilité est consubstantielle à la matière. Elle est le prix à payer pour son existence. Elle est la base de tout. De la fournaise fulgurante du

Big Bang, il ne devrait sortir, quand elle se refroidit, que de la lumière, sans matière. S'il y a matière, c'est parce qu'elle est instable, comme l'avait indiqué Andreï Sakharov. À cause de la symétrie entre le haut et le bas de l'espace-temps, de la matière (sans antimatière) ne peut sortir de la lumière que si elle peut y retourner. Pour que la matière apparaisse, il faut qu'elle puisse un jour disparaître.

J.-C. C. — Mais rassurez-moi encore. Ce n'est pas pour tout de suite.

T. D. — Nous n'avons aucune inquiétude à avoir (de ce point de vue) ni pour nous ni pour nos descendants. La fin viendra, c'est assuré, mais pas avant 10^{32} années. La Terre et le Soleil auront disparu bien avant cette échéance très lointaine.

J.-C. C. — L'espèce humaine aura sans doute inventé mille manières de s'anéantir bien avant toute échéance astrophysique, ou physique.

T. D. — Retenons cependant que toute forme est condamnée, par le fait même qu'elle est une forme, surgie du néant.

J.-C. C. — À cause de cette instabilité, sans laquelle nous n'existerions même pas. Ce sentiment inquiet de la mort des formes – parmi lesquelles, évidemment, la nôtre — est déjà inscrit au cœur du *Mahâbhârata*, bien avant notre ère. « Toutes les formes meurent », dit un personnage de demi-dieu, non sans tristesse.

T. D. — L'antique intuition est confirmée. D'autant plus que la physique du XXe siècle nous a appris — autre diapo de notre voyage – que la matière est forme ou processus, plutôt que chose.

J.-C. C. — J'imagine que même les formes les plus imposantes, une galaxie par exemple, avec ses centaines de milliards de soleils, sont nées d'un phénomène d'instabilité, d'une fluctuation, d'un déséquilibre.

T. D. — Elles sont nées d'un grumeau, dans la soupe bouillante sortie du Big Bang. Or toute hétérogénéité, toute fluctuation, est un processus qui, en théorie quantique, doit être pensé comme une superposition d'histoires différentes. Elle obéit aux bifurcations de l'infiniment petit. Finalement, même une imposante galaxie est une fluctuation quantique floue.

J.-C. C. — C'est donc grâce à la mécanique quantique que la vie existe.

T. D. — Que les galaxies se forment, et même que les atomes existent. La stabilité des états internes des atomes est un phénomène quantique. Jamais la mécanique classique n'a pu expliquer l'existence d'atomes ayant des états internes stables, et reproductibles. La reproductibilité des structures chimiques (codée dans l'ADN) n'est possible que grâce à la théorie quantique. Donc, la vie même est essentiellement quantique.

J.-C. C. — C'est donc la mécanique quantique qui, en détruisant l'idée d'une émission d'énergie continue, en introduisant une effervescence, des bifurcations, des branchements, tout cet extraordinaire réseau de particules en mouvement dont nous avons parlé, c'est elle qui finalement donne la stabilité. N'est-ce pas, là aussi, un peu bizarre ?

T. D. — Bizarre par rapport à quoi ?

J.-C. C. — Vous avez raison. La nature n'a que faire de nos étonnements.

T. D. — Par rapport à notre logique ordinaire, oui, cela paraît une bizarrerie. Mais si nous voulons parler du réel, la nouvelle réalité quantique est essentielle.

Stupeurs diverses

J.-C. C. — Nous avons aussi, en cours de route, et à maintes reprises, prononcé le mot « superposition ». Je suppose qu'il s'agirait là de notre troisième diapo, après la légèreté et l'instabilité.

T. D. — Après ou avant, comme vous voulez. La « superposition » ou, pour reprendre notre image cinématographique, la « surimpression » d'une multitude d'histoires possibles qui coexistent en se coïgnorant, est l'élément central de la théorie quantique.

J.-C. C. — J'avoue qu'il s'agit là d'une stupéfaction. Jusqu'au XXe siècle, un objet avait une seule histoire. Il ne pouvait être que ce qu'il était. Il allait d'un seul début à une seule fin, le long d'un seul chemin. Il faut faire maintenant la somme de toutes ses histoires.

T. D. — Un objet, ou un personnage.

J.-C. C. — Car cela n'est pas vrai uniquement au niveau des particules élémentaires ?

T. D. — C'est vrai à tous les niveaux, au niveau d'un atome, d'une fleur, d'un homme, d'une galaxie. L'univers tout entier est quantique. Nous sommes la superposition d'un nombre illimité d'amplitudes d'existence.

J.-C. C. — Une fois de plus, c'est dur à avaler.

T. D. — La science va souvent contre l'évidence. Elle nous dit que le monde n'est pas ce que nous voyons. Mais au lieu de se lancer dans des spéculations sans fondement sur les attributs éventuels de l'invisible, elle effectue un très patient travail. Elle met en relation constante la théorie et l'expérimentation. Et nous avons évoqué plusieurs exemples où l'accord entre théorie et expérience est si subtil, et si précis, qu'il emporte la conviction du bien-fondé d'une description rationnelle du monde.

J.-C. C. — La science vérifie le monde.

T. D. — Elle vérifie que des théories rationnelles s'accordent avec le réel.

J.-C. C. — Tandis que la foi se garde bien de vérifier. Il faut croire le Verbe sur parole.

T. D. — Cela dit, nous sommes encore loin, peut-être, d'avoir entièrement assimilé la pensée scientifique du XXe siècle. Elle a été extraordinaire. Si extraordinaire que peu nombreux ont été ceux qui ont essayé de comprendre.

J.-C. C. — Sauf peut-être Proust, sur son lit de malade.

T. D. — La dernière année de sa vie.

J.-C. C. — En cours de route, tout au long de ce siècle, nous sommes allés de mirage en stupeur. La débâcle des principes de la physique classique, annoncée par Poincaré, s'est amplifiée. Elle a tout emporté, ou presque. Il nous a fallu admettre que le temps est une illusion, qu'il est une propriété émergente, née de la structure du réel ; admettre aussi que la raison peut s'opposer au vieux bon sens, que des contraires peuvent s'apprivoiser, que le lointain est proche, que le proche est lointain, que l'invisible est tumultueux, que le vide est plein. Ce qui, au passage, nous en dit long sur les limitations de notre langage.

T. D. — Sans doute le mot « vide » est-il inapproprié. Le vide, en fait, est un état. Il est comme l'air en l'absence de son.

J.-C. C. — Nous parlons alors de silence.

T. D. — Le mot « silence » est assez comparable au mot « vide ». Lorsque nous entendons quelque chose dans l'air, ce son est superposé sur un bruit de fond, que nos oreilles ont appris à ne pas entendre.

J.-C. C. — Le vide serait donc comme un bruit de fond permanent.

T. D. — Et les particules sont comme un son surajouté sur le silence.

J.-C. C. — Nous avons aussi mis à mal le concept d'espace.

T. D. — Peut-être ce concept n'a-t-il jamais existé, au singulier. On connaissait « des espaces », plutôt qu'un espace. L'idée que l'on se faisait de l'espace a beaucoup évolué au cours des siècles.

J.-C. C. — L'espace sans objets existe-t-il ? Là aussi Kant a joué un rôle décisif.

T. D. — En réfléchissant sur la physique de Newton. Pour conclure à l'existence d'un espace, dont il disait, pour faire simple, qu'il est à la fois existant et non existant, et que son rôle essentiel est de fournir un cadre à l'existence de la matière.

J.-C. C. — Et que peut-on dire de la conception actuelle de l'espace ?

T. D. — Elle a été révolutionnée par Einstein, pour qui l'espace n'est plus une grande boîte vide, mais un champ dynamique, en interaction avec la matière. Cependant, la théorie des cordes suggère un bouleversement encore plus profond de la notion d'espace. Dans cette théorie, il n'y a essentiellement plus de distinction entre l'espace (ou plutôt l'espace-temps) et la matière. La distinction entre le contenant et le contenu s'efface. L'existence même d'un espace-temps est une illusion due à la grossièreté de nos moyens d'investigation du réel.

J.-C. C. — Nous devons donc, au fur et à mesure que nous avançons dans la connaissance, nous débarrasser, je dirais presque nous délivrer, de nos antiques habitudes de voir, de penser et de raisonner. Là aussi, nous allons contre l'évidence. Nous devons admettre que le réel peut être ceci et son contraire. Son ombre, son superposé.

T. D. — De nombreuses années, peut-être des siècles, seront nécessaires avant que notre pensée ne se modifie. Et certains esprits ne s'y feront jamais.

Menaces sur les crédits

J.-C. C. — Il s'agit pourtant d'une science à bras ouverts, qui accueille au lieu d'exclure.

T. D. — Elle ne demande qu'à accueillir. Elle multiplie les mondes possibles. Mais comme nous le disions le premier jour de notre rencontre, la science, la physique surtout, attire de moins en moins d'étudiants. Et sans doute bénéficiera-t-elle dans le futur, de la part des pouvoirs publics, de moins en moins de subventions.

J.-C. C. — Pourquoi ?

T. D. — La Seconde Guerre mondiale, pour la physique, a été décisive. Les États n'ont rien épargné dans la recherche de l'arme nucléaire. Par la suite, la guerre froide a joué le même rôle. La conquête de l'espace a multiplié les crédits, et toute la science a bénéficié, évidemment, de ces milliards de dollars envoyés dans la stratosphère.

J.-C. C. — On sent des coups de frein ?

T. D. — Un peu partout. Les grands équipements scientifiques se raréfient. D'autant plus que, plus nous cherchons dans le minuscule, ou dans l'ultra-lointain, plus sont onéreux les équipements. Les commanditaires finissent par se lasser. Et la vague des subsides se retire.

J.-C. C. — Pour aller sur la Lune, on a dû mettre le paquet. Mais quel atout de propagande !

T. D. — Pour les Américains, il fallait contrer Gagarine. À n'importe quel prix. Mais il faut bien comprendre, aujourd'hui, qu'un satellite coûte souvent plusieurs centaines de millions de dollars. Un directeur de la Nasa, Daniel Goldin, dans les années 1996-1997, a serré les cordons de la bourse. Il a demandé à ses collaborateurs de la pensée et de l'efficacité plutôt que le gigantisme à tout prix. Sa devise était : « *Better, faster and cheaper*[1]. »

J.-C. C. — La science pourrait-elle s'arrêter faute d'argent ?

T. D. — Non, car un très grand nombre de découvertes scientifiques ont des conséquences commerciales. Les détecteurs de Georges Charpak sont utilisés dans la médecine quotidienne. La courbure de l'espace-temps, nous l'avons dit, joue un rôle crucial dans le système de localisation GPS *(Global Positioning System)* qui est utilisé par l'armée, les bateaux, les avions, et qui sera bientôt dans toutes nos voitures. Et ainsi de suite. Mais la recherche est pourtant menacée dans ce qu'elle a de plus fondamental.

J.-C. C. — Et à supposer que la théorie ultime soit établie, cela pourrait marquer la fin de la recherche dans votre territoire ? Autrement dit : sentez-vous un double danger ? Externe et interne ?

T. D. — La théorie des cordes, qui a l'ambition d'être la théorie du Tout, pourrait au contraire, il me semble, relancer la recherche. N'oubliez pas que les théories d'Einstein contenaient mille choses qu'Einstein lui-même ne soupçonnait pas. La théorie ultime, si nous l'établissions un jour, serait sans doute du même ordre. Très fertile.

J.-C. C. — Des physiciens l'exploreraient pendant des siècles pour en découvrir les secrets.

T. D. — Si on leur en donnait les moyens.

1. « Mieux, plus vite et moins cher. »

J.-C. C. — Du point de vue budgétaire, l'avenir de la science est donc loin de sembler triomphant.

T. D. — L'avenir de la physique, en tout cas.

Avancées dans l'obscurité

J.-C. C. — En généralisant à l'ensemble de la science, je vois d'autres raisons de s'inquiéter.

T. D. — Lesquelles ?

J.-C. C. — En parlant avec vous, j'ai eu assez souvent de la peine à vous suivre. Et pourtant, sans jouir d'une formation scientifique, je n'abordais pas un territoire qui m'était totalement étranger. J'ai déjà, il y a seize ans, composé un livre avec deux astrophysiciens, Jean Audouze et Michel Cassé[1]. Cette difficulté, de plus en plus ardue, peut éloigner de la science nombre d'étudiants, de curieux.

T. D. — Elle peut aussi en attirer certains.

J.-C. C. — C'est vrai. L'ardu a son charme. Mais ne nous cachons pas derrière notre petit doigt. La majorité des gens, autour de nous, et à tout âge, sont attirés par des terrains moins épineux, moins ambigus. Ils ont aussi d'autres problèmes, dans leur vie quotidienne, ils cherchent du travail, ils manquent de ressources, l'avenir immédiat de la planète les alarme.

T. D. — Non sans raison.

---

1. *Conversations sur l'invisible*, Éditions Plon et Presses de la Cité.

J.-C. C. — Et les remèdes à ces inquiétudes, ils les cherchent dans deux domaines qui sont étrangers à la science, la croyance, bien sûr, et aussi la futilité, voisine de l'imbécillité, du mensonge.

T. D. — Du divertissement pascalien, qui nous détourne du vrai. Pascal avait déjà senti les conséquences de l'effroi ouvert par « le silence éternel de ces espaces infinis ».

J.-C. C. — Une télévision de plus en plus poubelle — et pas seulement en France, où nous serions plutôt, malgré les apparences, mieux protégés qu'ailleurs — ramène inlassablement les mêmes épisodes du triste charlatanisme contemporain. Des présentateurs invitent chaque semaine des tireuses de cartes, parlent gravement de notre destin, se demandent avec une apparence de candeur : « Y a-t-il quelque chose de vrai dans l'astrologie ? », et ainsi, d'une ânerie à l'autre, font avancer l'obscurité à toute vitesse.

T. D. — Alors que, dans le champ des sciences, les découvertes confirmées se multiplient. Ainsi, pour des raisons de difficulté d'accès, mais surtout de simple commerce, le vrai et le faux s'écartent, en une tension de plus en plus vive.

J.-C. C. — Cette persistance de l'imbécillité sur les chaînes publiques de radio et de télévision n'est sans doute pas innocente. Elle rejoint probablement, du point de vue du pouvoir, cette ancienne constatation que plus on maintient le peuple dans l'ignorance, mieux on le dirige et le manipule.

T. D. — Attitude que l'on peut rapprocher de l'incroyable négligence qui se voit dans nos livres scolaires.

J.-C. C. — Nous parlions à l'instant de l'ardu, du très difficile, qui quelquefois paraît inextricable. Je me demande si ceux qu'on appelle « les gens », dont nous faisons partie, devant la complexité croissante du réel, au lieu de faire l'effort nécessaire, ne vont pas vers des réponses de plus en plus simplistes.

T. D. — Cela me paraît presque certain. Et, comme vous le dites, publiquement encouragé.

J.-C. C. — Un autre péril est à chercher dans l'image noire de la science elle-même. Une image de massacres et de pollutions dont elle a du mal à se défaire.

T. D. — Une image qui fait oublier les bienfaits de toutes sortes que nous lui devons.

J.-C. C. — Vous disiez que le XXe siècle scientifique a été le vrai siècle des lumières. De votre point de vue, peut-être. Mais dans le même temps, quelle barbarie ! Quelle noirceur ! Aujourd'hui encore, à coups de meurtres en série dans les écoles, de prostitution enfantine, et jusqu'à des bébés vendus comme objets de plaisir, que dire ? Nous enfonçons-nous dans l'abjection et dans les ténèbres, tandis que la science se félicite de ses illuminations ? Après votre siècle des lumières, entrerions-nous dans un siècle d'obscurité ?

Je crois parce que je ne sais pas

T. D. — J'ai les mêmes questions que vous.

J.-C. C. — Je me dis quelquefois que l'esprit humain, que « la raison placée devant son propre tribunal », a horreur de son propre vertige, qui pourtant lui est nécessaire s'il veut s'aventurer plus avant dans la connaissance. D'où cette constante tentation d'une réduction de la pensée. Et finalement rien n'est plus réducteur que la mise en forme de l'imaginaire.

T. D. — C'est-à-dire ?

J.-C. C. — La futilité mène au fanatisme. Nous avons cité la croyance. Elle est le refuge tout indiqué. La croyance est le contraire de la connaissance. Ici, aucun effort à redouter. Adhérez à une religion, ancienne ou moderne, devenez un adepte de l'Église de scientologie, par exemple — ou de toute autre secte — et vous n'aurez plus de souci. On pensera pour vous, on vous séparera le vrai du faux. C'est de la vérité prémâchée. Cela vous coûtera un peu d'argent, bien sûr, mais quelle tranquillité, dans une pensée vide !

T. D. — On vous dira même beaucoup de mal de la science, et vous le croirez.

J.-C. C. — Notre esprit a pris peur. Il a reculé, comme nous l'avons dit, devant la fin de la simplicité du monde. Les nouveaux dévoilements de la matière lui sont tombés dessus comme un orage. Une porte basse s'est ouverte, il y est entré.

T. D. — Il aura du mal à en sortir.

J.-C. C. — Nous voyons aujourd'hui une religion comme l'islam, aussi arbitraire que les autres, née de l'imaginaire collectif d'un peuple du Moyen Âge, se répandre partout en Europe par le moyen de la démographie, et susciter des sursauts de nationalisme qui peuvent conduire à une guerre civile. Et cette religion est aussi éloignée que possible de toute démarche scientifique.

T. D. — C'est le cas de toute religion quand elle est frappée d'intégrisme. La science ne peut que l'embarrasser. C'est pourquoi on s'en débarrasse.

J.-C. C. — Nous assistons peut-être à la victoire de l'imaginaire — qui est facile, nous l'avons dit — sur le réel, qui est ardu et que souvent vous peinez à transmettre. Victoire de la paralysie sur le mouvement, et du catéchisme sur l'équation.

T. D. — Beaucoup d'éléments se conjuguent pour conduire à cette désaffection. À l'intérieur même de la science, les étudiants choisissent de préférence la biologie, ou les mathématiques. La physique est délaissée, comme si tout était connu, et compris. À quoi s'ajoute cette difficulté de transmettre, que vous avez sentie vous-même.

J.-C. C. — Autrefois, j'y reviens, lorsque les savants théologiens proclamaient à la foule des fidèles les dernières vérités dogmatiques qu'ils venaient enfin d'établir, ils demandaient une adhésion soumise.

T. D. — Un acte de foi.

J.-C. C. — Ils ne demandaient pas — surtout pas — à être compris. Aujourd'hui, nous devons nous aussi — nous les ignorants — faire un acte de foi. En baissant humblement la tête. La connaissance s'oppose à la croyance et pourtant, dans ce cas, la rejoint.

T. D. — Accordez-moi, ici aussi, deux différences. D'abord, nous exigeons toujours de nos théories que l'expérience les confirme.

J.-C. C. — Et l'autre différence est sans doute que, si nous refusons de vous croire, on ne nous jette pas dans le bûcher, où brûlaient les flammes de la vérité.

T. D. — Exactement. Vous pouvez, dans votre vie quotidienne, lorsque vous regardez la télévision, lorsque vous prenez l'avion, lorsque vous soignez votre corps, utiliser les résultats d'une science dont vous rejetez les principes.

La science dans un parc

J.-C. C. — Dites-moi si je me trompe. Pour toutes les raisons que nous venons de dire, il me semble que la science s'éloigne de nous, qu'elle s'enferme dans une sorte de réserve, comme les Indiens, ou dans un camp fortifié, plus ou moins luxueux, bien protégé du monde. Dans un parc, peut-être, avec belles allées de promenade et cafétéria.

T. D. — On en connaît des exemples.

J.-C. C. — Et là se prépare, dans le secret impénétrable des théories, la vie quotidienne de demain. Ces centres de recherche ne seront plus publics, mais privés. Des groupes industriels les financeront. Et je vois apparaître une nouvelle catégorie d'individus qui joueront, il me semble, un rôle décisif.

T. D. — Des intermédiaires.

J.-C. C. — Évidemment. Des gens doués à la fois d'une culture scientifique, leur permettant de repérer la découverte intéressante, et d'un flair, d'un sens commercial aigu, grassement rétribués par les mastodontes industriels.

T. D. — Une nouvelle mafia ?

J.-C. C. — En quelque sorte. Avec tous les coups fourrés, toutes les combines d'espionnage scientifique que nous pourrions imaginer. La science, à défaut d'étudiants, peut ouvrir un nouveau chapitre dans la littérature politico-policière.

T. D. — Tout ce que vous dites est possible. Peut-être même probable.

J.-C. C. — Enlevons cette diapo de commerce-fiction. Et dites-moi : existe-t-il encore, dans le monde scientifique, assez de ferveur pour y résister ?

T. D. — De ferveur ?

J.-C. C. — Ce sentiment fait d'émerveillement, d'incompréhension, d'exaltation, de frayeur aussi, et même parfois de terreur, qui peut nous frapper dans différents domaines, et qui se manifeste dans notre sacralisation du monde (lieux, objets, livres, personnages *sacrés*, comme l'on sacre un roi), le retrouve-t-on dans la science ?

T. D. — La science a connu un optimisme délirant. Elle affirmait, depuis Descartes et jusqu'à Jules Verne, la puissance enfin reconnue de l'homme sur la redoutable nature. Et dans notre dialogue, souvent, nous avons parlé de stupéfaction, de vertige.

J.-C. C. — Cela pourrait-il conduire à sacraliser ceci ou cela ? Le pendule de Foucault sera-t-il un jour un objet de culte ? Et Neil Armstrong assimilé à un ange ? Ou à un démon ?

T. D. — Il faudrait pour cela que la science ait renoncé à être scientifique. Nous n'en prenons pas le chemin.

J.-C. C. — C'est à souhaiter. Comme vos nouveaux territoires sont impénétrables aux simples mortels (à l'instar des enceintes sacro-saintes de jadis, ou du sommet du Sinaï), nous pourrions être livrés à un nouvel ésotérisme, d'autant plus dangereux qu'il nous resterait invérifiable. Ce n'est pas à vous que je vais l'apprendre : l'esprit peut ne pas être à la mesure de l'esprit.

T. D. — Je n'essayerai pas de vous répondre par des paroles lénifiantes, teintées de fallacieux espoirs. Les dangers sont réels. Et à travers l'isolement de la science, le silence pesant qui la guette et l'obscurité qui l'escorte, c'est la société tout entière qui est en danger.

J.-C. C. — Nous sommes peut-être à la veille d'un nouveau silence.

T. D. — Peuplé de dangereux bavards.

À la recherche de l'harmonie du monde

J.-C. C. — Je vous ai entendu parler, vous un physicien, de *métaphysique*. Que mettez-vous sous ce mot ?

T. D. — Dès ma jeunesse, j'ai cherché à approfondir le pourquoi de toute chose. Au-delà de la physique, il faut bien tendre vers un système cohérent du monde, dans lequel toutes nos théories trouveraient un sens.

J.-C. C. — Mais un système établi par qui ?

T. D. — Pas forcément par quelqu'un.

J.-C. C. — L'idée d'un dieu créateur, d'un esprit supérieur, immanquablement conçu à notre image, et qui aurait minutieusement disposé tous les secrets du monde, en leur enjoignant même d'évoluer, cette idée est si naïve, si anthropomorphique, que j'imagine qu'elle ne vous satisfait pas.

T. D. — Dieu n'est qu'une idée. Une idée humaine. C'est bien au-delà du concept de création et d'aménagement du monde que nous devons aller. L'idée d'un horloger devant sa planche à dessin est évidemment absurde. Quand Einstein parlait de Dieu, il parlait de la rationalité de l'univers, du Dieu de Spinoza, si vous voulez.

J.-C. C. — Qui fut poignardé comme athée.

T. D. — Nous sommes à la recherche de l'« harmonie du monde », comme le disait Poincaré, une harmonie dont l'expression serait la loi. Une loi simple, qui tient en quelques signes sur du papier, et qui contraste violemment avec la complexité de l'univers.

J.-C. C. — Cet univers dont on ne comprend pas pourquoi on le comprend.

T. D. — Et où la merveille éternelle, le vrai miracle, est qu'il n'y a pas de miracle.

J.-C. C. — Aux dernières nouvelles, les cordes seraient donc l'étoffe du monde ?

T. D. — L'étoffe dont nous sommes tissés. Si nous pouvions plonger au cœur de la matière, tout serait cordes. Il faudrait aussi évoquer le concept de *brane*, c'est-à-dire des membranes quantiques et de leurs généralisations multidimensionnelles. Mais cela nous embarquerait dans un nouveau voyage.

J.-C. C. — La physique peut-elle nous aider à vivre ? À mieux vivre ?

T. D. — Oui, sans aucun doute. Et pas seulement en améliorant les conditions ordinaires de notre vie. Elle nous aide, comme exercice mental, à relativiser et, idéalement, à abolir le vieillissement et la mort. Elle remet en question, à chaque pas, notre raison. Elle nous conduit à tous les vertiges, et à de profondes joies. Elle nous oblige à tendre vers une harmonie, et à trouver les moyens de la dire. En un mot, elle peut nous ouvrir à l'Être — en dehors du temps.

J.-C. C. — On dit qu'Einstein était très dur et ambitieux dans sa jeunesse.

T. D. — En avançant dans l'âge, et dans le savoir, il est devenu beaucoup plus serein, plus indulgent.

J.-C. C. — S'il fallait résumer en quelques mots nos entretiens, que retiendriez-vous ? Une réalité qui serait à la fois réelle et imaginaire ? Et superposée ? Et multicolore ?

T. D. — C'est cela. Le dernier mot revient toujours à la *Maya*. À la possibilité d'une illusion universelle, dans laquelle nous sommes destinés à tenter d'établir un ordre rationnel.

J.-C. C. — Destinés ? Par qui ?

T. D. — Par notre *fatum*. Nous sommes faits pour cela. Nous ne pouvons pas agir autrement.

J.-C. C. — Nous voici donc, à la fin, devant un enchevêtrement d'univers possibles, un tourbillon de particules, où ce dialogue est en même temps un autre dialogue, une infinité d'autres dialogues. Où nous sommes nous-mêmes, peut-être, des suppositions.

T. D. — Où tout, peut-être, existe.

Juillet 2002

REMERCIEMENTS

Nous remercions Marie-Claude Vergne pour le soin qu'elle a apporté à la réalisation des figures, Michèle Schaetzel pour la patience et la précision avec lesquelles elle a su disposer le texte et Odile Jacob, qui nous a réunis.

TABLE

Cet ouvrage a été transcodé
et mis en page chez Nord Compo (Villeneuve-d'Ascq)

CET OUVRAGE
A ÉTÉ ACHEVÉ D'IMPRIMER
SUR ROTO-PAGE
PAR L'IMPRIMERIE FLOCH À MAYENNE
EN SEPTEMBRE 2002

N° d'impression : 55149.
N° d'édition : 7381-1077-X.
Dépôt légal : septembre 2002.

Imprimé en France